# Patchwork Embellishment

## Handbuch der dekorativen Techniken

Sally Holman

Ein Quarto-Buch
Erstveröffentlichung 2006 bei Apple Press
Sheridan House
114 Western Road
Hove BN3 1DD
United Kingdom

www.apple-press.com

Copyright © 2006 für die Originalausgabe
„The Quilter's Directory of Embellishments"
bei Quarto Publishing plc, London/UK

Herausgeber: Karen Koll
Assistent des Art Directors: Penny Cobb
Lektorat: Claire Wedderburn Maxwell
Design: Karin Skånberg, Claire van Rhyn, Michelle Stamp
Fotos: Phillip Wilkins, Martin Norris
Illustrationen: John Woodcock
Index: Diana LeCore

© 2007 für die deutsche Ausgabe
„Patchwork Embellishment"
beim Verlag Th. Schäfer im Vincentz Network, Hannover
Übersetzung: Christa Weber, Bonn
Lektorat: Joachim F. Baumhauer
Satz: Kerker + Baum, Hannover
Druck und Bindung:
SNP Leefung Holding Ltd., China

ISBN 978-3-86630-928-9
Best.-Nr. 9329

Verlag Th. Schäfer im Vincentz Network
Plathnerstr. 4c
30175 Hannover

Fordern Sie ein kostenloses Gesamtverzeichnis an
und besuchen Sie uns im Internet
www.th-schaefer.de

Die Herausgeber haben sich bemüht, die in diesem Buch aufgeführten Anleitungen richtig und zuverlässig darzustellen. Sie übernehmen jedoch keine Verantwortung für eventuell entstehende Schäden, Verletzungen oder Verlust gegenüber Personen und ihrem Eigentum, seien sie direkt oder indirekt entstanden.

Die Vervielfältigung dieses Buches, ganz oder teilweise, ist nach dem Urheberrecht ohne Erlaubnis des Verlages verboten. Das Verbot gilt für jede Form der Vervielfältigung durch Druck, Kopie, Übersetzung, Mikroverfilmung sowie die Einspeicherung und Verarbeitung in elektronischen Systemen etc.

# Inhalt

**8** Einleitung

## DIE WICHTIGSTEN WERKZEUGE UND GRUNDTECHNIKEN

**10** Handwerkszeug

**12** Stoffe und Embellishments auswählen

**14** Näh- und Stickhilfen, Garne

**16** Nähen auf einer Unterlage

**17** Klassisches Block-Patchwork

**18** Patchwork-Applikationen

**19** Klebe-Applikationen

**20** Quilten

## EMBELLISHMENT-TECHNIKEN

**24** DEKORATIVE STICKEREI

**28** Handstickstiche

**33** Satinstich-Motive

**34** Sticken mit der Nähmaschine

**36** Candlewick-Stickerei

**38** Konturenstiche

**40** Hohlnähte

**42** Mehr als nur Quilten

**44** Druckstoffe verschönern

**46** EMBELLISHMENT MIT BÄNDERN UND LITZEN

**48** Bänder und Litzen

**50** Webeffekte

**52** Anlegetechnik (Couching)

**54** Spitzen und Bänder

**56** Applizierte Blumen aus Bändern

**58** OBERFLÄCHEN-GESTALTUNG

**62** Falttechnik

**64** Überdecktechnik (Trapping)

**66** Motive aus Spitze

**68** Quasten

**70** Prairie Points (Prärie-Spitzen)

**72** EMBELLISHMENT MIT APPLIKATIONEN

**76** Schattenapplikation

**78** Applizierte Reliefblüten (Yo-yos)

**80** Einfache Applikation

**82** Persische Stickerei (Broderie Perse)

**84** SCHÖNES AUS DER SCHATZKISTE

**88** Kleine Perlen (Seed Beads)

**92** Spiegelscherben (Shisha)

**94** Schmuckanhänger (Charms)

**96** Motivknöpfe

**98** Antike Knöpfe und Perlen

**100** Sammelsurium

**102** EMBELLISHMENT MIT KÜNSTLERISCHEN TECHNIKEN

**106** Folien

**108** Erinnerungsfotos

**110** Plusterfarben

**112** Stoffmalstifte

**114** Textilfarbe

**118** Schablonen
**124** Stichwortverzeichnis
**126** Quellen

*Meiner Mutter einen großen Dank für all ihre Hilfe und Ermutigung, besonders als ich an diesem Buch arbeitete. Allen meinen Schülern danke ich für die stete Unterstützung, ihren freundlichen Zuspruch und ihre Begeisterung.*

# Einleitung

Es gibt eine ganze Reihe von praktischen und ästhetischen Gründen, Patchwork-Arbeiten mit Hilfe von Verzierungstechniken noch attraktiver zu machen. *Embellishments* heben bestimmte Bereiche des Quilts hervor, setzen Glanzlichter, verzieren und garnieren oder geben dem Werkstück eine ganz persönliche Aussage. Embellishments verdecken offene Stoffkanten, verstecken Nähte und schmücken, sie sorgen für Gleichgewicht in der Farbgestaltung und verbinden die Lagen des Quilts.

Embellishments können in Aussehen und Stil vielfältig variieren, von antik bis modern; man kann Textilien und Schmuck verarbeiten, Perlen, Knöpfe, Pailletten, Anhänger, Folien, Spitze, Fäden und Borten und allerlei dekorativen Krimskrams.

Um einen Quilt zu verzieren, kann man unendlich viele Techniken anwenden. Perlen und Pailletten „verknoten" ihn, setzen Highlights oder können in Motive mit ganz eigenem Charakter verwandelt werden. Stickereien sind eine wundervolle Möglichkeit, Farbe und Textur in den Quilt zu bringen; Gesticktes läßt Nähte optisch verschwinden, betont sie oder bietet eine Alternative zum klassischen Quilting. Mit Spitzen, Litzen, Bändern und Schnüren lassen sich Blüten gestalten oder Nähte übersticken, während feinste Stoffe wie Organza oder Voile für Glanz sorgen. Metallfolien, Textilfarben und Stoffmalstifte geben traditionellen Blockmustern Pfiff, und Computerdrucke machen ein Projekt persönlich.

Dieses Buch möchte Ihnen das Prinzip der Embellishments nahebringen, Sie in Ihrer Arbeit ermutigen und Ihre Entscheidungsfreude stärken. So werden Sie bald viele Möglichkeiten entdecken, wann, wo und wie Sie mit Erfolg Embellishments in Ihrem eigenen Quilt verwenden können.

*Einleitung*

## So arbeiten Sie mit diesem Buch

Jeder Block, der im Kapitel „Technik" (Seiten 22–117) vorgestellt wird, ist speziell dazu entworfen, um ein bestimmtes Embellishment für einen Quilt oder einen einzelnen Block vorzustellen. Auf den einleitenden Seiten 10–21 finden Sie Anleitungen zu Patchworktechniken, im Quellenverzeichnis (Seiten 124–125) Bezugsquellen für Arbeitsmaterial und die einschlägige Fachliteratur.

## Galerie

**Quilt Galerie**
*Lassen Sie sich vor jedem neuen technischen Kapitel von Arbeitsbeispielen führender Quiltkünstler inspirieren und sehen, wie man Blöcke zu Quilts zusammenstellen kann.*

**Details**
*Wichtige Embellishment-Details sind besonders gekennzeichnet.*

### ACHTUNG

*Viele Embellishments sind für Baby- oder Kleinkind-Quilts nicht geeignet, weil Kleinteile verschluckt und Farbstoffe, Kleber etc. eingeatmet werden können.*

## Technik

**Patchworkblock**
*Damit alle Blöcke zusammenpassen, sind sie 9 in/22 cm groß (Fertigmaß).*

**Andere Techniken**
*Auch wenn jede neue Technik an einem extra Block vorgestellt wird, gibt es noch mehr Möglichkeiten, bestimmte Blöcke zu vervollständigen. Das sehen Sie hier.*

**Symbole**
*auf einen Blick. Siehe links unten.*

**Zuerst gibt es eine Liste**
*der Werkzeuge und Materialien für jeden einzelnen Block.*

**Materialbeispiele**
*Beispiele für Stoffe, Garne und andere Materialien werden illustriert.*

**Erklärende Illustrationen**
*erleichtern das Verständnis einer bestimmten Technik oder eines Details.*

**Schritt für Schritt**
*ist jede Technik erklärt.*

**Tips**
*Nützliche Hinweise zur jeweiligen Technik.*

### SYMBOLE

*Handgenähtes Embellishment*

*Maschinengenähtes Embellishment*

*Flexibler Block – kann in einem Block in verschiedenen Anordnungen verwendet werden*

*Embellishment statt Quilten*

### SCHABLONEN

*Originalschablonen und Mustervorlagen finden Sie auf den Seiten 118–123.*

# Handwerkszeug

Sie brauchen nur wenige spezielle Werkzeuge, um die Embellishment-Techniken dieses Buches auszuprobieren. Allerdings erleichtern ein paar Grundwerkzeuge die Arbeit und sorgen für beste Ergebnisse. Spezielle Werkzeuge brauchen Sie nur für kompliziertere Arbeitstechniken.

**NÄH- UND STICKNADELN**
Halten Sie Nadeln verschiedener Typen und Größen bester Qualität bereit. Schlechte Qualität und stumpfe Nadeln können Stoff oder Fäden beschädigen.

**STECKNADELN**
Schneiderstecknadeln, lange Quiltstecknadeln und bunte Flachkopfstecknadeln (auch als Blumenkopfstecknadeln bekannt) sind im Handel erhältlich. Am besten eignen sich lange, dünne, spitze Nadeln bester Qualität, die den Stoff nicht beschädigen.

**FINGERHÜTE**
Ein Fingerhut kann sehr hilfreich sein. Es gibt verschiedene Ausführungen, probieren Sie aus, mit welcher Sie am besten zurechtkommen.

## Nadeltypen und -stärken

Stimmen Sie Nadeltyp und Nadelstärke darauf ab, mit welcher Art von Stoff, Faden oder Technik Sie gerade arbeiten. Passen Sie die Fadenstärke der Größe des Nadelöhrs an – so lassen sich Fäden leichter einfädeln und reiben sich nicht auf.

| TYP | VERWENDUNG | STÄRKE |
| --- | --- | --- |
| Sharps | Nähen | Verschiedene Stärken |
| Betweens | Quilten, Perlenarbeiten | kurz, verschiedene Stärken |
| Sticknadeln | Sticken, Nähen | verschiedene Längen, spitz, langes Öhr |
| Crewelnadeln | feine und mittelstarke Stickereien | mittellang, spitz |
| Chenille | Seidengarn oder Bändchen | ähnlich wie Crewelnadeln, aber mit längerem Öhr für dickes Garn oder Bändchen |
| Teppichnadeln | Weben, Arbeiten mit grobem Faden auf Canvas | stumpfe Spitze, die Fädenziehen vermeidet |
| Perlennadeln | Sticken mit sehr kleinen Perlen | dünn, lang, verschiedene Stärken |

*Handwerkszeug*

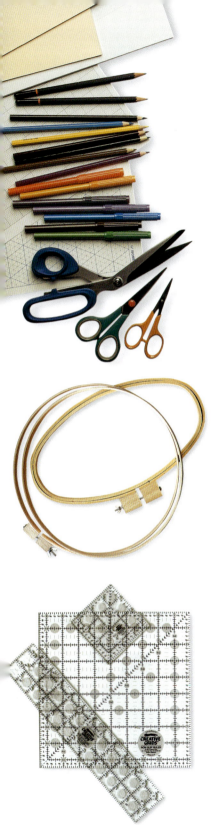

**MARKIERSTIFTE**

Zum vorübergehenden Markieren von Linien und Mustern auf Stoff gibt es Stifte in Weiß und Silber (für Quilter), HP-Bleistifte und Schneiderkreide. Testen Sie Ihren gewählten Markierstift immer auf einem Rest vom Originalstoff, um sicher zu gehen, daß er sich auch wieder entfernen läßt.

Bügelmusterstifte hinterlassen eine dauerhafte Markierung auf Stoff. Das Muster liegt auf fettdichtem Papier und wird mit heißem Bügeleisen auf die rechte Seite des Stoffes übertragen. Die Vorlage erscheint so als Spiegelbild auf dem Stoff.

**SCHEREN**

Im Idealfall haben Sie drei verschiedene Scheren: eine kleine Stickschere, eine größere Stoffschere und eine Papierschere. Kaufen Sie bitte scharfe Qualitätsscheren!

**ECKIGE UND RUNDE RAHMEN**

Rahmen sind wichtige Werkzeuge, die den Stoff während des Stickens oder Quiltens gespannt halten. Es gibt Standrahmen und Rahmen, die in der Hand gehalten werden. Der hölzerne Ring eines Handstickrahmens ist dünner als der eines Quiltrahmens. Für beide Arbeiten kann man zusammensteckbare Plastikrahmen nehmen.

**LINEALE**

Im Handel gibt es viele verschiedene Patchworklineale zum Musterzeichnen, Messen und Markieren. Die breiteren Lineale werden zusammen mit Rollschneider und Schneidematte eingesetzt.

## Nähmaschinen

Einige Nähmaschinen sind in der Lage, nicht nur reihenweise Muster zu sticken, sondern auch Motive in verschiedenen Größen, Farben und Designs. Aber auch mit einer einfach ausgestatteten Maschine können Sie viele Embellishment-Techniken ausführen.

**SO SOLLTE EINE NÄHMASCHINE AUSGERÜSTET SEIN:**

- Möglichst viele verschiedene Stickstiche
- Praktische Nähfüße: Stopffuß, offener Stickfuß, Schnuraufnähfuß, Obertransportfuß
- Hilfreich sind ein sogenannter Nadelstopp und ein möglichst großer Anschiebetisch
- Sie sollten auch eine große Auswahl an Maschinennadeln verschiedener Stärken, passend zu verschiedenen Fäden und Stoffen haben. Dazu Unterfäden in vielen Farben.

*Entscheiden Sie sich für eine Maschine mit vielen Nähfüßen und Nadeln.*

# Stoffe und Embellishments auswählen

Verschönerte Quilts können aus einer schier unendlichen Zahl von Kombinationen aus Stoff und Embellishment angefertigt werden. Mixen Sie Stoffe, damit die Arbeitsergebnisse ausdrucksstark und anspruchsvoll werden, und runden Sie die Projekte mit üppigem, glitzerndem Embellishment ab.

## Stoffe

### BAUMWOLLE
Die Industrie bietet spezielle Baumwollstoffe für Patchwork an. Eine zuverlässige, leicht zu verarbeitende Qualität in vielen Mustern, Farben und Ausrüstungen. Auch Muslin (Baumwollnessel), Calico und Baumwollsatin eignen sich sehr gut.

### BAUMWOLLAMÉ
Baumwollstoff mit eingewebten glänzenden Laméfäden verleiht dem Projekt Glanz, ohne die guten Eigenschaften der Baumwolle zu beeinträchtigen. Achten Sie auf die Bügeleisentemperatur, damit der Stoff nicht versengt.

### SEIDE
Seide wird in vielen Webarten, Farben und Qualitäten angeboten, von vornehm glänzendem Dupion bis zu mattem, strukturiertem Voile. Verschiedene Seiden kombiniert erzeugen wunderschöne Oberflächen. Denken Sie aber daran, daß Seide leicht ausfranst, und schneiden Sie deshalb mit mehr Nahtzugabe zu.

### SYNTHETICS
Zu den Synthetics zählen alle Stoffe von Polyesterbaumwolle bis hin zu den glänzenden Jerseys. Diese Stoffe sind manchmal schwierig zu verarbeiten, da sie sich leicht dehnen können oder schnell wegrutschen. Man kann sie mit einer Einlage stützen oder mit leichter Bügeleinlage stabilisieren. Seien Sie vorsichtig beim Plätten.

### DURCHSICHTIGE STOFFE
Gemacht aus Baumwolle, synthetischen Fasern oder beidem, können sie Farben abschwächen oder verwischen, Embellishments überdecken, unversäuberte Kanten verdecken wie beim Schattenquilten oder selbst als Embellishment dienen. Vorsicht: Diese dünnen Stoffe können beim Bügeln versengen!

### Recycelte Stoffe
In Second-Hand-Läden finden sich oft schöne altmodische Stoffe, die in Ihren Projekten eine fröhliche Wiederauferstehung feiern können.

_Stoffe und Embellishments auswählen_

# Embellishments

### MODESCHMUCK

Metall, Glas, Kunstharz und Keramik oder modische Schmückstückchen machen einen Quilt persönlich, geben ihm Pfiff oder unterstreichen einen bestimmten Aspekt. Schmuck läßt sich leicht anbringen, entweder direkt an Ort und Stelle sticken oder an einem Bändchen befestigt und dann aufgestickt. Sie können ihn nur als Dekoration nutzen oder anstatt zu quilten, aber nicht auf Quilts für Babys oder Kleinkinder!

### SPITZE

Spitze ist ein sehr reizvolles Embellishment. Cremefarbene oder weiße Spitze hellt Farben auf und bewirkt ein weiches Aussehen, antike Spitze verleiht modernen Stoffen einen nostalgischen Look. Verwenden Sie Spitze, um Nähte zu bedecken, Farben abzuschwächen oder mit Blumen oder Schmetterlingen einen eigenen Stil zu kreieren. Applikationen aus Spitze wirken apart.

### PERLEN

Perlen gibt es in allen möglichen Größen und Formen und aus vielen Materialien. Einfaches Glas, geschliffenes Glas, Kristall, Keramik, Plastik und Holz. Perlen können einen Quilt dekorieren, ihn gleichzeitig aber auch „quilten". Die einfache Technik erfordert zwar gutes Augenlicht und geschickte Hände, belohnt aber durch Glanz und Leuchtkraft sowie einen Hauch von Luxus, indem sie dumpfe Stoffe und simple Stickstiche lebendig werden läßt. Perlen sollten nicht in Quilts für Babys und kleine Kinder verarbeitet werden.

### BÄNDER

Bänder können zum Knoten eines Quilts verwendet werden, Nähte bedecken, selbst als Stoff dienen oder als Schleifen, Gewebe, Bändchenblumen oder Bändchenstickerei den Quilt verschönern. Bänder gibt es aus vielen Materialien in vielen Breiten, fahnden Sie doch einmal nach antiken Schätzen! Waschen Sie die Bänder mit Sorgfalt und verarbeiten sie nicht in Quilts für Babys und kleine Kinder.

### KNÖPFE

Abwechslungsreich und vielseitig. Knöpfe bringen „ländlichen" Look in Volkskunst-Quilts, aus Perlmutt wirken sie nostalgisch, Motivknöpfe dagegen sehr modern. Diese einfache, aber effektive Dekoration hat auch einen praktischen Sinn, weil Knöpfe die Quiltlagen zusammenhalten. Nähen Sie Knöpfe mit kleinen Perlen oder mit Knötchen fest, was zusätzliche Effekte bewirkt. Manche Knöpfe kann man nicht waschen, weil sie nicht farbecht sind, z. B. Metall- oder Holzknöpfe. Bei Arbeiten für Babys bitte keine Knöpfe verwenden!

### PAILLETTEN

Mit Pailletten können Sie Stickstiche ausschmücken, unversäuberte Stoffkanten verdecken und Glanzpunkte unter durchsichtigen Stoffen setzen. Motivpailletten (Blüten, Blätter, Schmetterlinge) und gestickte Blütenformen erzählen auf dem Quiltblock eine ganz persönliche Geschichte. Pailletten sind nicht immer farbecht und ihre Verarbeitung ist arbeitsintensiv, sie lassen den Quilt jedoch elegant glitzern und vermitteln den Eindruck von Überfluß. Bitte keine Pailletten auf Quilts für Babys und Kleinkinder, auch wenn es noch so viel Spaß macht!

### SAMMLERSTÜCKE

Sie können alles aus Ihrer Schatzkiste verwerten, auch wenn die Dinge nicht als Embellishment gedacht waren. Fundstücke aus der Natur wie Muscheln, Federn, Zweige lassen sich ebenso verarbeiten wie Recycling-Objekte, zum Beispiel Obstnetze. Einige Dinge müssen geklebt werden, sind also nicht waschbar. Auch auf Quilts für Babys und Kleinkinder sind sie nicht sicher.

### FOLIEN

Diese Folien sind speziell zur Applikationen auf Stoff hergestellt; sie lassen den Stoff „vergoldet" wirken. Es gibt sie in Gold, Kupfer, Silber und anderen Farben, einige sogar mit besonderen Effekten. Folien zum Aufkleben oder Aufbügeln müssen speziell behandelt und dürfen nicht oft gewaschen werden. Auf einem Quilt wirken Folien sehr künstlerisch, sogar antik. Kleber und Folien sind für Babys und Kleinkinder gefährlich.

### TEXTILFARBE

Damit können Sie den ganzen Stoff einfärben, stempeln oder ein Motiv aufmalen. Man bekommt sie in vielen Farben und Qualitäten, opaque, metallic und mit Perlmuttschimmer. Schon mit der Grundausstattung von Farben können Sie interessante Oberflächen kreieren, einfache, preiswerte Baumwolle eignet sich gut dazu. Malen kann schnell unordentlich aussehen, erfordert deshalb gute Vorbereitung, bietet aber große kreative Möglichkeiten. Bei Quilts für Babys oder Kleinkinder verzichten Sie auf diese Technik.

### STOFFMALSTIFTE

Damit können Sie ein Bild direkt auf den Stoff malen oder durchpausen. Alles ist möglich, vom großen Mittelblock bis hin zum kleinen wiederholten Motiv. Mit Stoffmalstiften können Sie schneller und sauberer arbeiten als mit Farbe, obwohl es manchmal schwierig ist, zügig zu arbeiten und einen dichten Farbauftrag zu erzielen. Aber die Chance, einen persönlichen künstlerischen Eindruck zu erzielen ist groß. Bei Quilts für Babys und Kleinkinder verzichten Sie auch auf diese Technik.

# Näh- und Stickhilfen, Garne

Zu den unentbehrlichen Hilfsmaterialien zählen Einlagestoffe, Stabilisatoren, fixierbares Web und Volumenvliese. Solche Hilfsmaterialien sind am Projekt nicht immer zu sehen, sind aber ein wichtiges Element der Fertigung. Garne und Fäden sind ebenso bedeutend, sowohl bei der Näharbeit als auch beim Dekorieren des Projekts.

### Einlagestoffe

Einlagestoffe werden in der Schneiderei benutzt, um Krägen, Manschetten und Vorderteile zu versteifen. Es gibt zwei Typen: Näheinlagen und Bügeleinlagen, die jeweils als leichte, mittelschwere und feste Ware zu kaufen sind. So gehen Sie damit um:

- Leichte Näheinlage benutzen Sie zum „Nähen auf einer Unterlage" (Foundation Piecing)
- Mittelschwere Näheinlage ist ideal als Stabilisator für Maschinenstickerei
- Leichte Bügeleinlage zeigt seine Stärken bei dehnbaren und feinen Stoffen oder als Rückseite von *Needleturn*-Applikationen.

**Tip:** Wenn Sie Bügeleinlagen verarbeiten möchten, machen Sie immer Tests auf einem Stoffrest, damit Sie sehen, daß die Einlage nicht auf die rechte Stoffseite durchlägt.

### Stabilisatoren

Maschinenstickerei verzieht sich leicht, wenn nur auf einer Lage Stoff gestickt wird, deshalb sollten Sie einen Stabilisator unterlegen. Haben Sie *Foundation Piecing* auf einem Einlagestoff gemacht, ist dieser zugleich der Stabilisator. Auch *Quilt as you go* (Quilten beim Nähen) auf Volumenvlies verhindert ein Verziehen des Stoffs. Wollen Sie aber ein Motiv auf nur eine Stofflage sticken, sollten Sie ein ausreißbares Stickvlies unterlegen.

### Fixierbares Web

Fixierbares Web brauchen Sie, um zwei Stoffe miteinander zu verbinden. Es ist in verschiedenen Breiten, Stärken und unterschiedlichen Festigkeiten im Handel, auch solches, das nicht noch extra vernäht werden muß. Befolgen Sie immer genau die Verarbeitungshinweise des Herstellers.

### Volumenvlies

Das Vlies liegt zwischen der Oberseite (Top) und der Rückseite des Quilts. Es sorgt für Wärme und für Textur, wenn Sie quilten. Volumenvlies gibt es im Handel in verschiedenen Breiten, Dicken und Qualitäten. Für Quilts, die Sie verschönern möchten, sind leichgewichtige, dünne Vliese aus Polyester, Baumwolle oder einer Mischung aus beidem (Polycotton) am besten geeignet. Sie lassen sich leicht durchstechen und werden nicht zu schwer.
Vliese gibt es von vielen Herstellern, und jedes hat bestimmte Eigenschaften. Lesen Sie die Pflegehinweise des Herstellers, bevor Sie das Vlies kaufen.

**BAUMWOLL-VLIES**

Baumwoll-Vlies läßt sich leicht verarbeiten, sollte aber vorgewaschen werden, damit es später nicht einläuft.

**POLYCOTTON-VLIES**

Es besteht zumeist aus 20 % Polyester und 80 % Baumwolle. Sie sollten es vorwaschen und es läßt sich etwas „fester" verarbeiten als reine Baumwolle.

*Verschiedene Volumenvliese*

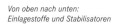

*Von oben nach unten: Einlagestoffe und Stabilisatoren*

*Fixierbares Web*

Näh- und Stickhilfen, Garne

DÜNNES „LOW-LOFT" POLYESTER-
VLIES

Dieses Vlies ist leicht und einfach in der Verarbeitung. Da es nadelverdichtet ist, eignet es sich besonders für verschönerte Quilts. Denken Sie daran, daß Fasern billiger Vliese durch den Stoff dringen können und die Oberfläche „haarig" aussehen läßt. Achten Sie deswegen beim Kauf auf Qualität.

POLYESTERVLIES

Dicke Polyestervliese (4 oz/100 gr) nimmt man meist für Kuschelquilts, die geknotet statt gequiltet werden. Versichern Sie sich beim Kauf, daß es sich um ein nadelverdichtetes oder oberflächenverklebtes Vlies handelt, das kein besonders dichtes Quilten erfordert.

WOLLVLIES

Dieses relativ neue Vlies ist warm, weich und leicht.

## Fäden und Garne

Es gibt viele Marken von Hand- und Maschinennähgarnen. Sie verhalten sich beim Nähen oder Sticken unterschiedlich, deshalb sollten Sie überlegen, welchen Stoff Sie damit verarbeiten oder welchen dekorativen Effekt Sie damit erzielen möchten.

Denken Sie auch daran, daß die Nadel zum Garn passen muß – eine dünne Nadel zum dünnen Faden und zu feinem Stoff. Zur Verarbeitung von Metallicgarnen gibt es spezielle Nähmaschinennadeln, die ein größeres, runderes Öhr haben, damit der Faden nicht bricht.

Sie können das gleiche Garn als Ober- und Unterfaden in Ihrer Maschine benutzen, es sei denn, Sie arbeiten mit speziellen Garnen (z. B. Metallic). Dafür wählen Sie dann als Unterfaden einen Baumwoll- oder Polyesterfaden bester Qualität in passender Farbe.

### Handfäden

**BAUMWOLLTWIST**

Das fein glänzende sechsfädige Garn gibt es fast überall in vielen Farben. In spezialisierten Geschäften bekommen Sie sogar handgefärbte Döckchen, uni oder ombriert.

**METALLTWIST**

Das glänzende sechsfädige Garn ist nur in einer begrenzten Anzahl von Farben erhältlich, inzwischen findet man auch neue Metallgarne mit einer besonderen Ausrüstung.

**SEIDENTWIST**

Weiches sechsfädiges Garn, fein schimmernd und in vielen Farben erhältlich.

**BAUMWOLLPERLGARN**

Einfädiges Garn in verschiedenen Dicken von No. 3 bis No. 12 (12 ist das dünnste), fast überall in Uni und Multicolor erhältlich. Einige Hersteller bieten auch handgefärbtes Perlgarn an.

**SEIDENPERLGARN**

Einfädiges Seidenperlgarn ist ein weicher gedrehter Faden mit sanftem Glanz. Spezialisierte Hersteller bieten ihn in verschiedenen Stärken und Farben an.

**RAYON**

Stark glänzendes sechsfädiges Garn, in vielen Farben erhältlich und ein guter Ersatz für Metallic-Garne. Spezialisten bieten es auch handgefärbt an.

### Nähmaschinengarne

**BAUMWOLLE**

Baumwollgarne gibt es in verschiedenen Dicken, uni und ombriert. Das Garn hat einen matten Glanz.

**POLYESTER- ODER BAUMWOLL-POLYESTER-GARN**

Das Garn ist leicht zu verarbeiten und glänzt stärker als Baumwollgarn.

**RAYON**

Dünnerer Faden als Polyester oder Baumwolle, stark glänzend. Rayon trägt gut auf.

*Handgarne*

**SEIDE**

Seidengarn ist dünn und glänzt fein.

**METALLIC**

Das Garn hat einen matten Glanz und ist manchmal nicht einfach in der Verarbeitung.

**HOLOGRAFISCHE GARNE**

Ein ganz besonderer Faden, der interessante Effekte erzeugt.

*Nähmaschinengarne*

15

# Nähen auf einer Unterlage

### (Foundation Piecing)

Eine Technik, bei der für den Block Stoffstücke auf einen Unterlagenstoff oder ausreißbares Papier genäht werden. Für diese Technik ist eine dünne Näheinlage (Seite 14) genau richtig, denn sie stabilisiert den Stoff für jede Stickerei.

**1.** Zeichnen Sie das Muster mit weichem Bleistift auf die Unterlage aus Papier oder Stoff. Sie können die Nähreihenfolge mit Zahlen auf dem Stoff markieren (Vorsicht bei hellen Stoffen), oder Sie orientieren sich an der Originalvorlage. Denken Sie auch daran, rundum eine Nahtzugabe von mindestens ¼ in/ 0,75 cm zu markieren. Wenn Sie zeichnen, stecken Sie die Unterlage auf der Vorlage fest, damit nichts verrutscht.

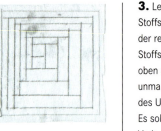

**2.** Schneiden Sie die Stoffstücke für jedes Teil mit einer Nahtzugabe von mindestens ¼ in/ 0,75 cm zum Fertigmaß (Vorlage) zu. Entgegen der klassischen Vorgehensweise müssen Sie nicht so genau sein, denn die Unterlage ist ja genau.

> **TIP**
>
> Seien Sie großzügig mit der Nahtzugabe, denn wenn der Stoff umgeklappt wird, kann es für das nächste Teil schon mal knapp werden.

**3.** Legen Sie Stoffstück 1 mit der rechten Stoffseite nach oben auf die unmarkierte Seite des Unterstoffs. Es sollte die Vorlage und die Nahtzugaben bedecken. Stecken Sie eine Nadel auf die Nahtlinie zwischen Teil 1 und 2. Denken Sie daran, daß der Stoff auf der **unmarkierten** Seite der Unterlage liegt und daß Sie auf der **markierten** Seite der Unterlage nähen. Das fertige Patch ist also ein Spiegelbild der Vorlage. Mit der Stecknadel als Führung plazieren Sie Stoff 2 rechts auf rechts auf Stoffstück 1, so, daß die Nahtzugaben aufeinander liegen. Stecken Sie eine Nadel durch alle drei Lagen. Kontrollieren Sie, ob die Stoffe die Bereiche 1 und 2 bedecken, indem Sie den Stoff zur Probe umklappen. Nähen Sie per Hand oder Maschine auf der gezeichneten Linie.

**4.** Drehen Sie den Unterlagenstoff oder das Papier herum und plätten Sie.

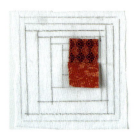

**5.** Wiederholen Sie den Arbeitsvorgang wie bei Teil 2, bis die Unterlage ganz benäht ist. Denken Sie daran, die Nähte wenn nötig zurückzuschneiden.

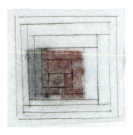

**6.** Plätten Sie das Patch, und schneiden Sie die Außenkanten bis auf eine Nahtzugabe von ¼ in/ 0,75 cm zurück. Wenn Sie auf Papier genäht haben, reißen Sie das jetzt aus.

Foundation Piecing/Klassisches Block-Patchwork

# Klassisches Block-Patchwork

Schneiden Sie, wie in der Vorlage für den Block angegeben, Papierschablonen zu, nach denen Sie wiederum die Stoffstücke für den Block zuschneiden. Wie in dieser klassischen Technik das Patchwork zusammengenäht wird, erklärt Ihnen Ihr Patchworkbuch.

**1.** Mit den nötigen Schablonen für Ihren Block schneiden Sie die Stoffstücke genau aus und markieren die Nahtzugaben von ¼ in/0,75 cm Breite. Denken Sie daran, die Stücke im geraden Fadenlauf zu schneiden, wie es auf den Schablonen markiert ist.

**2.** Beginnen Sie damit, die Stücke zu kleinen Einheiten zusammenzunähen; zum Beispiel 2 Dreiecke zu einem Quadrat. Passen Sie die Nähte aufeinander, stecken die Ecken und die Mitte und nähen auf der markierten Linie. Plätten Sie die Nahtzugaben in eine Richtung oder auseinander, je nachdem wie es das Muster erfordert.

**TIP**

Wenn Sie ein Muster wie den Le Moyne Star (Seite 38) arbeiten, müssen Sie eine eingesetzte Naht nähen. Das ist nicht schwierig, muß aber akkurat gemacht werden. Bei Schritt 2, wenn die Teile zusammengenäht werden, nähen Sie nur bis zum Beginn der markierten Nahtzugabe (nicht in sie hinein). So ist es möglich, die Teile in der Spitze der Naht zu drehen, wenn Quadrate und Dreiecke eingesetzt werden.

**TIP**

*Viele Quilter bevorzugen beim Zuschnitt Rollschneider und Lineal statt einer Schablone. Wollen Sie zum Beispiel viele Quadrate und Dreiecke zuschneiden, schneiden Sie zuerst einen Stoffstreifen in passender Breite (inklusive der Nahtzugabe), zerschneiden ihn zu Quadraten und diese diagonal zu Dreiecken. Viele Patchworkbücher beschreiben das genau.*

**3.** Ordnen Sie die einzelnen Stücke der Reihe nach und nähen sie in logischer Folge (z. B. reihenweise) zusammen. Vermeiden Sie dabei eingesetzte Nähte (siehe Tip rechts). Plätten Sie.

# Patchwork-Applikationen

Ein gepiectes Patchwork wird auf einen Hintergrundstoff appliziert. Das Motiv kann mit der Maschine zusammengenäht oder „über Papier" mit der Hand genäht sein.
Die Applikation nähen Sie mit dem Blindstich oder einem dekorativen Stich wie dem Festtonstich per Hand oder Maschine auf den Hintergrundstoff.

**1.** Schneiden Sie die Schablonen für den Block aus Fixierstickvlies (Freezer Paper) zu.

Stücke im Geradstich mit der Maschine zusammen (oben), aber nur bis zum Schablonenende an der gerundeten Seite. Das geht auch mit Handstichen. Danach plätten.

**5.** Das Patchwork mit Blindstich (Seite 49) auf dem Hintergrundquadrat befestigen. Wiederholen Sie den Vorgang bei allen anderen Patches.

**2.** Plätten Sie die Schablonen auf die Stoffrückseite und schneiden den Stoff mit einer Nahtzugabe von ¼ in/0,75 cm Nahtzugabe rundherum aus.

**3.** Heften Sie den Stoff über das Papier und nähen die Stücke zusammen. Oder nähen Sie die

**4.** Haben Sie mit der anderen Methode wie bei Schritt 3 gearbeitet, heften Sie nun den Stoff um die gerundeten Kanten, um die Form zu vervollständigen.

Patchwork-/Klebe-Applikationen

# Klebe-Applikationen

Klebeapplikationen sind das Aufbringen eines Motivs mit fixierbarem Web auf den Hintergrundstoff. Die unversäuberten Stoffkanten sichern Sie mit Hand- oder Maschinenstichen oder mit der Anlegetechnik. Die Methode erzeugt ein Spiegelbild der Vorlage.

**1.** Zeichnen Sie das Applikationsmotiv auf die papierene Seite des fixierbaren Webs. Schneiden Sie die Form grob aus, mindestens ¼ in/0,75 cm außerhalb der gezeichneten Linien.

**3.** Schneiden Sie das Applikationsmotiv entlang der gezeichneten Linie aus.

**5.** Sticken Sie das Motiv per Hand oder Maschine auf. Schön ist ein Satinstich oder der Festonstich. Auf Seite 52 finden Sie Hinweise, wie Sie die Applikation mit der Anlegetechnik aufbringen.

**2.** Legen Sie die Haftseite des Webs nun nach unten auf die Rückseite des Stoffs und plätten es von der Papierseite aus fest. So wird das fixierbare Web auf der Stoffrückseite befestigt. Richten Sie sich nach den Verarbeitungshinweisen für das Web bezüglich der Bügeltemperatur und der Verwendung eines feuchten Bügeltuchs. Lassen Sie dem Web Zeit zum Auskühlen.

**4.** Entfernen Sie das Trägerpapier, und plätten Sie das Motiv mit der klebenden Seite nach unten an die richtige Stelle auf den Stoff.

# Quilten

Mit dem Begriff „Quilten" wird der Vorgang bezeichnet, der die drei Lagen eines Quilts, den „Sandwich", miteinander verbindet: das Top (Oberseite), die Vlieslage und die Rückseite. Die Blöcke hier im Buch sind mit verschiedenen Techniken per Hand oder Nähmaschine gequiltet. Wie das gemacht wird, zeigen wir hier.

**QUILTEN ENTLANG DER AUSSENLINIE**
(per Hand oder Maschine)
Die Stiche folgen der Form, gewöhnlich ca. 6 mm von der Kante des Stoffstücks oder des Motivs entfernt. Gestickte Quiltstiche liegen wie hier direkt auf der Naht.

**ECHOQUILTEN**
(per Hand oder Maschine)
Die Quiltlinien folgen der äußeren Form des Motivs, entweder immer im gleichen Abstand zueinander oder abgestuft, um eine geriffelte Struktur zu erzeugen.

**SAATQUILTEN**
(per Hand)
Einzelne kleine Stiche von gleicher Länge sind in verschiedenen Winkeln auf einer Fläche gestickt.

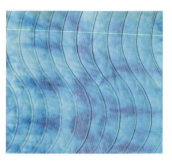

**MASCHINENQUILTEN**

Es ist eine der vielen Varianten des Quiltens, aber anstatt per Hand, wird es mit Maschinen ausgeführt. Sie können gerade oder kurvige Linien quilten, mit Zierstichen experimentieren oder die besonderen Stiche nutzen, die in moderne Nähmaschinen eingebaut sind. Zum handgeführten freien Quilten brauchen Sie einen besonderen Stopffuß, womit Sie dann um Motive herum Echo- oder Mäanderquilten können.

**„IN DER NAHT" QUILTEN**
(per Hand oder Maschine)
Die Quiltstiche liegen direkt in der Naht und sind deshalb so gut wie unsichtbar.

**MOTIVQUILTEN NACH SCHABLONEN**
(per Hand)
Vorstiche oder Stickstiche folgen einem Quiltmuster, das auf den Stoff oder Block gezeichnet wurde.

**KNOTEN**
(von Hand)
Die Quiltlagen sind mit Knoten zusammengehalten, die noch mit Knöpfen, Perlen oder anderem Embellishment kombiniert werden können.

*Ein Quilt-Sandwich*

*Quilten*

# Quilten
## So wird es gemacht

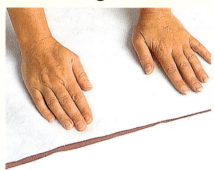

- Schneiden Sie Vlies und Rückseite etwas größer zu als das Top, das Sie quilten wollen.

- Benutzen Sie zum Quilten einen eckigen oder runden Rahmen, damit die Arbeit glatt und flach bleibt.

- Stecken und heften Sie die drei Lagen vertikal, horizontal und dann in beiden Richtungen diagonal von der Mitte nach außen. Wenn es ein großer Quilt ist, sollten Sie ein 5-Zentimeter-Raster von oben nach unten und von einer Seite zur anderen heften. Ein Stand-Quiltrahmen erspart Ihnen diese Arbeit, da der Sandwich zwischen den Spannrollen straff gehalten wird.
- Arbeiten Sie immer mit Fäden und Nadeln von bester Qualität. Mit kurzen, dünnen Nadeln können Sie sehr kleine Stiche machen.
- Machen Sie zuerst immer einige Versuche auf Stoffresten, damit Sie den Effekt auf dem Originalstück beurteilen können. So müssen Sie später nichts auftrennen und haben keine unerwünschten Löcher von aufgelösten Stichen auf dem Quilt.

- Wenn Sie durch alle Lagen stechen, „ploppen" Sie den Knoten durch den Rückseitenstoff, so daß er im Vlies versteckt liegt.
- Fällt es Ihnen schwer, kleine gleichmäßige Stiche zu machen, arbeiten Sie mit dickerem Faden und machen größere Stiche. Große gleichmäßige Stiche geben besseren Halt als kleine ungleichmäßige Stiche.

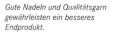

*Gute Nadeln und Qualitätsgarn gewährleisten ein besseres Endprodukt.*

# Embellishment-Techniken

In diesem Kapitel ist eine Vielzahl von Techniken beschrieben, mit denen die vorgestellten Blöcke dieses Buchs verziert sind. Arbeiten Sie damit, um Ihre eigenen Blöcke zu gestalten. Die Blöcke, die die Arbeitsvorgänge beschreiben, wurden während des Patchvorgangs, danach oder gleichzeitig verschönert.

# Dekorative Stickerei

Effektvolle Stickerei kann auf einem ansonsten schlichten Stoff ein Muster erzeugen, das Design betonen oder wie bei klassischen bestickten Quilts Nähte überdecken, schmücken sowie Farbe und Textur einbringen. Diese Dekorationsart mit ihrer Vielfalt von Garnen für Hand- und Maschinenstiche belebt so manches Projekt.

1

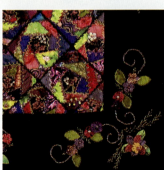

2

Crazy for Colour
*(Verrückt nach Farben) 76 cm x 76 cm*

Kleiner *Crazy Medaillon*-Quilt, in der Mitte ein applizierter Stern und gepiecte Fächer. Die Konturen des Sterns sind mit beperlten Federstichen betont, die Fächer entlang der Nähte bestickt (1). Eine Schnur ist auf die Außenkontur des Fächers angelegt, um die geschwungenen Linien zu betonen. Die Ecken des Medaillons sind mit Rosen aus Bändchenstickerei verschönert, dazu beperlte und gestickte Blätter. Das Blumenthema setzt sich im Rand des Quilts fort, dicke applizierte Rosen, mit Perlen und gestickten Details verziert (2).

*Galerie*

**1**

**2**

Summer Bridges
*(Brücken im Sommer) 56 cm x 86 cm*

Ein *Wholecloth*-Quilt aus einem einzigen handgefärbten Stück Stoff. Um die Bewegung des trägen sommerlichen Flusses auszudrücken, sind mit der Zwillingsnadel Linien gestickt. Am unteren Ende des Quilts ist handgefärbter Organza appliziert. Solarisierte Fotos einer Brücke in den Cotswolds auf Seide gedruckt (2) und mit Lagen aus Kunin-Filz und Organza benäht vervollständigen das Bild.

25

Coral Reef

*(Korallenriff) 114 cm x 86 cm*

Der *Log Cabin*-Quilt ist aus dicken und dünnen „Baumstämmen" auf einer Unterlage genäht (1), die Farben vom Korallenriff inspiriert. Die Fische sind aus gekauftem Stoff geschnitten, mit fixierbarem Web aufgeklebt. Der frei gestaltete Federstich stellt den Seetang dar, noch mit aufgenähten Perlen und Pailletten zum Glänzen gebracht (2). Im Rand kommen leuchtend grüne Meerespflanzen (3) und applizierte strudelnde Wellen dazu, die sich im Quiltmuster wiederholen (4).

*Galerie*

Photo Opportunity

*(Schnappschüsse) 91 cm x 111 cm*

Ein fein angeordneter Landschaftsquilt, der auf Spezialstoff übertragene Fotos zeigt. Die Fotos in der Ecke (1) blieben vollständig, aber Teile davon finden sich als Applikationen im Hauptbild der Arbeit wieder (2). Die kleinen Bilder sind gequiltet und mit Knötchen, Vorstichen und Federstichen bestickt, um Bildbereiche zu betonen. Die gedruckten Abbilder des Stechginsters auf dem großen Bild sind neben anderen Details überstickt, um die Farben besonders hervorzuheben (3). Der Rand im *Storm at Sea*-Muster (*Sturm auf dem Meer*) ist auf seinen Konturen im Federstich handgequiltet (4).

**1**

**2**

**3**

**4**

27

*Spinnweb-Motiv, Seite 32*

**CRAZY-BLOCK**
Dies ist ein klassischer *Crazy*-Block aus Stoffresten. Jede Naht, außer bei den Fächern, ist mit verschiedenen Stickstichen und Garnen bestickt. Wenn Sie auch noch durch die Vlieslage sticken, erscheint der Block plastischer.

*Doppelter Federstich, Seite 30*

*Winkelstich mit Knötchen, Seite 29*

# Handstickstiche

Stickstiche werden hauptsächlich beim *Crazy*-Patchwork verwendet, um Nähte zu überdecken, auszuschmücken und Motive auf die Oberfläche zu bringen. Sie werden auch in anderen Patchworkmustern eingesetzt, um offene Kanten zu bedecken, einzelne Patches zu umranden, Textur zu verleihen oder als Alternative zum herkömmlichen Quilten.

### Den Block gestalten
**Sie brauchen:**
- Einen gepiecten Block
- Stickgarne
- Sticknadeln (Seite 10)
- Stick- oder Quiltrahmen, um die Arbeit einzuspannen

### Stickgarne
Sticktwist aus Baumwolle oder Seide, Perlgarn aus Baumwolle oder Seide, Metallicgarne oder Rayonfäden eignen sich sehr gut zum Sticken. Es gibt sie in verschiedenen Ausführungen von unifarben bis handgefärbt, stumpf bis hochglänzend, dünn bis dick. Sie können mehrere Fäden zusammen versticken, zum Beispiel Metallgarn und Baumwolltwist. Generell können Sie jeden Faden verarbeiten, der durch das Nadelöhr paßt und durch den Stoff gleitet. Sticken Sie möglichst mit zwei oder drei Fäden.

### Block-Montage
Ihre Stickerei wird am schönsten, wenn Sie sowohl durch das Patchwork als auch durch die Vlieslage sticken. Das dünne Vlies unterstützt den Stoff, stabilisiert ihn und verhindert, daß er sich zusammenzieht. Befestigen Sie den Rückseitenstoff erst, nachdem Sie gestickt haben, aber bevor Sie die Embellishments anbringen, denn so wird das Top gleichzeitig mit der Rückseite „verknotet". Deshalb dürfen Sie auch den Stickfaden verknoten, denn er verschwindet im Vlies hinter der Rückseite. Wenn Sie durch alle drei Quiltlagen sticken – Top, Vlies und Rückseite – schauen Sie, daß Sie den Knoten durch die Rückseite „ploppen" lassen, damit er zwischen den Quiltlagen versteckt ist.

Handstickstiche

# Feingemacht mit Stickstichen

In diesem Kapitel finden Sie viele Ideen, wie Sie einen Block mit Stickstichen schöner machen. Die beliebtesten Stiche sind hier beschrieben.

### HEXENSTICH

Der Stich sollte oberhalb und unterhalb der Leitlinie gleich breit sein. Er wird reihenweise gestickt.

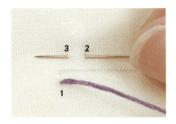

**1.** Stechen Sie die Nadel unterhalb der Führungslinie zur Stoffoberseite (1). Oberhalb der Führungslinie machen Sie von rechts einen kleinen Stich (2) nach links (3).

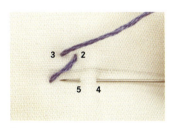

**2.** Stechen Sie jetzt unterhalb der Linie die Nadel bei 4 ein, machen einen Stich von gleicher Länge wie oben zu Punkt 5 (Punkt 5 liegt direkt unter Punkt 2).

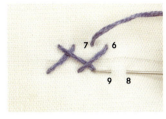

**3.** Wiederholen Sie die Stiche 6, 7, 8 und 9 schön gleichmäßig.

### WINKELSTICH

Der Stich sollte oberhalb und unterhalb der Leitlinie gleich breit sein. Er wird reihenweise gestickt.

**1.** Stechen Sie die Nadel zur Stoffoberseite, unterhalb der Linie bei 1. Machen Sie einen kurzen Stich von rechts 2 nach links 3 oberhalb der Linie. Machen Sie einen kurzen Stich von 4 nach 5, die Nadel sticht bei Punkt 2 über Punkt 5 wieder aus.

**2.** Jetzt ist ein kleiner Balken (von 3 nach 4) an der Spitze des Stichs zu sehen. Der Faden kommt unterhalb des Balkens hervor. Legen Sie den Faden nach unten, und stechen Sie bei 6 ein. Machen Sie einen Stich gleicher Länge wie bei 4–5 oben und stechen bei 7 wieder aus.

**3.** Der Stich ist fertig, wenn die Nadel oberhalb von Punkt 8 nach 9 aussticht.

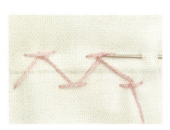

**4.** Wiederholen Sie diese Stichfolge schön gleichmäßig.

### OFFENER KRETISCHER STICH

Der Stich sollte oberhalb und unterhalb der Führlinie immer gleich breit sein. Er wird reihenweise gestickt.

**1.** Stechen Sie die Nadel bei Punkt 1 aus dem Stoff. Stechen Sie bei 2 wieder ein und bei 3 aus, der Faden liegt unter der Nadel, wenn Sie ihn durchziehen. Dieser Stich liegt über der Führlinie.

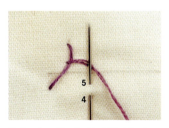

**2.** Stechen Sie die Nadel bei Punkt 4 in den Stoff und bei 5 wieder heraus. Der Faden liegt unter der Nadel, wenn er durchgezogen wird. Dieser Stich liegt unterhalb der Führlinie. Wiederholen Sie diese Stichreihenfolge schön gleichmäßig.

29

FEINGEMACHT MIT STICKSTICHEN

**EINFACHER FEDERSTICH**
Der Stich sollte auf beiden Seiten der Führlinie gleich breit sein. Es wird reihenweise von oben nach unten gestickt.

**3.** Wiederholen Sie diese Stiche, so daß sie eine schöne, gleichmäßige Reihe ergeben.

**2.** Wiederholen Sie Schritt 1, stechen dabei bei Punkt 4 in den Stoff, bei 5 mit dem Faden unter der Nadel wieder heraus. Faden durchziehen.

**GEFIEDERTER KETTENSTICH**
Von oben nach unten gestickt soll er auf beiden Seiten der Leitlinie gleich breit aussehen.

**1.** Stechen Sie die Nadel bei Punkt 1 aus dem Stoff. Stechen Sie bei 2 wieder ein und bei Punkt 3 aus. Der Faden liegt unter der Nadel, wenn sie ihn bei 3 durchziehen. Punkt 2 soll genau gegenüber von 1 liegen, Punkt 3 weiter unten halbwegs zwischen 1 und 2.

**DOPPELTER FEDERSTICH**
Dieser Stich wird ähnlich gestickt wie der einfache Federstich, mit der Ausnahme, daß 2 Stiche im leichten Winkel zueinander auf beiden Seiten der Linie gearbeitet werden. Der dreifache Federstich wird genauso gestickt, aber mit drei „Federn" auf jeder Seite.

**3.** Machen Sie jetzt einen Stich von Punkt 6 nach 7, wieder mit dem Faden unter der Nadel, wenn er durchgezogen wird.

**1.** Stechen Sie die Nadel bei Punkt 1 aus dem Stoff, gleich daneben wieder hinein und bei 2 heraus. Legen Sie dabei den Faden unter die Nadel und ziehen ihn durch. Das ist ein Kettenstich.

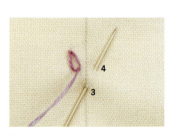

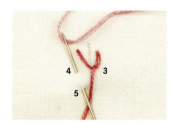

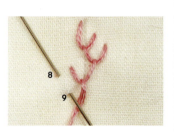

**2.** Stechen Sie jetzt bei Punkt 4 in den Stoff und bei 5 wieder heraus. Mit dem Faden unter der Nadel ziehen Sie ihn bei 5 durch. Punkt 4 soll genau gegenüber von 3 sein; Punkt 5 etwas weiter unten, halbwegs zwischen 3 und 4.

**1.** Stechen Sie die Nadel bei Punkt 1 aus dem Stoff, bei 2 wieder hinein und bei Punkt 3 zurück zur Oberseite. Der Faden muß unter der Nadel liegen, wenn Sie ihn bei 3 durchziehen.

**4.** Noch ein Stich von Punkt 8 zu Punkt 9, wieder beim Durchziehen mit dem Faden unter der Nadel. Wiederholen Sie alle Schritte für eine gleichmäßig gestickte Reihe.

**2.** Stechen Sie die Nadel an Punkt 3 (auf der Linie) in den Stoff, an Punkt 4 wieder hinaus.

30

*Handstickstiche*

**3.** Stechen Sie dicht neben Punkt 4 wieder ein, legen den Faden zum Durchziehen unter die Nadel, und stechen Sie bei 3 wieder aus. Sie haben jetzt einen weiteren Kettenstich gestickt.

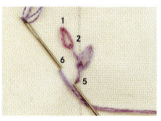

**4.** Stechen Sie die Nadel zurück nach Punkt 5 (unter 2) und wieder aus in Punkt 6 (unter 1). Das ist ein Geradstich. Dann stechen Sie die Nadel zurück durch Punkt 6 und wieder nach oben bei Punkt 5 mit dem Faden unter der Nadel, wenn Sie den Faden durchziehen. Wiederholen Sie diese Stiche, bis eine gleichmäßige Reihe gestickt ist.

**MARGERITENSTICH**

Man stickt ihn paarweise, um eine Reihe kleiner Blätter darzustellen, im Kreis für ein Blümchen, als Zickzacklinie oder in jeder nur vorstellbaren Anordnung.

**1.** Stechen Sie die Nadel bei Punkt 1 aus dem Stoff, stechen sie dann nahe von 1 wieder ein und bei 2 von rechts nach links heraus, mit dem Faden unter der Nadel. Der Stich liegt schräg, denn er ist die erste Hälfte eines Blättchens.

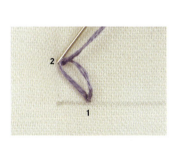

**2.** Ziehen Sie den Faden durch, stechen die Nadel bei Punkt 2 über der Schlinge in den Stoff zurück und kommen bei 1 wieder heraus.

**KNÖTCHENSTICH**

Ein hübscher kleiner Stickstich für Blümchen, Blütenmitten oder überall dort, wo ein Knötchen nett aussieht. In Kombination mit dem Margeritenstich bildet er eine kleine Blume.

**3.** Wiederholen Sie die Schritte 1 und 2 für eine zweite Schlinge in die andere Richtung.

**4.** Jetzt sind zwei Blättchen gestickt. Stechen Sie noch einmal die Nadel bei Punkt 1 aus und machen einen geraden Stich für den Blütenstiel nach oben.

**1.** Stechen Sie die Nadel an der Spitze des Stiels aus dem Stoff. Bilden Sie eine Fadenschlinge nach rechts und führen die Nadel von rechts nach links über den Faden, legen den Faden wieder über die Nadel. Das Ganze sieht aus wie eine Acht.

**2.** Stechen Sie Nadel direkt neben dem Punkt, wo der Faden herausgekommen ist, wieder in den Stoff. Ziehen Sie am Faden, damit ein kleiner Knoten entsteht. Stechen Sie die Nadel zur Rückseite durch. Wenn Sie möchten, stechen Sie wieder nach oben und sticken auf die gleiche Weise noch ein paar Knötchen mehr.

31

FEINGEMACHT MIT STICKSTICHEN

**SATINSTICH**

Der Stich eignet sich zum Umranden und Ausfüllen von Flächen und für Schatteneffekte. Für die hier verwendeten Satinstiche verarbeiten Sie den einfachen Satinstich sowie den langen und kurzen Satinstich.

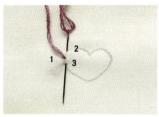

**1.** Zeichnen Sie die Konturen des Motivs auf den Stoff. Stechen Sie die Nadel am Rand bei Punkt 1 aus. Legen Sie den Faden links von der Nadel, und stechen Sie bei Punkt 2 zurück und bei 3 wieder zur Vorderseite.

**2.** Wiederholen Sie diesen Stich über das ganze Motiv.

**LANGER UND KURZER SATINSTICH**

Wenn Sie ein großes Motiv ausfüllen oder farblich schattieren möchten, sind lange und kurze Satinstiche die beste Wahl. Sie können mit Fäden einer Farbe arbeiten, ombrierte Garne einsetzen oder zwei und mehr Fäden verwenden.

**1.** Zeichnen Sie die Konturen des Motivs auf den Stoff. Stechen Sie die Nadel bei Punkt 1 aus, legen den Faden nach links und stechen bei 2 wieder ein. Stechen Sie nun auf halbem Wege zwischen 1 und 3 wieder aus. Das ist ein kurzer Satinstich.

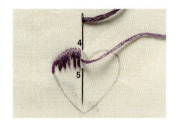

**2.** Stechen Sie die Nadel von oben bei Punkt 4 ein und bei 5 wieder aus. Das ist ein langer Satinstich. Wiederholen Sie lange und kurze Satinstiche über die Breite des Motivs.

**3.** Haben Sie eine ganze Reihe kurze und lange Stiche gestickt, arbeiten Sie darunter eine Reihe lange Satinstiche. Sticken jetzt so viele Reihen, bis das Motiv ausgefüllt ist, in der letzten Reihe wieder abwechselnd lange und kurze Stiche. Wenn Sie mögen, arbeiten Sie mit 2 oder mehr Farben für einen Schatteneffekt.

**SPINNWEBMOTIV**

Sticken Sie dieses klassische *Crazy Quilt*-Motiv als Ganzes oder als Viertel in einer Ecke auf.

**1.** Wählen Sie eine schöne Stelle auf Ihrem Quilt aus, an der zwei Stoffe einen rechten Winkel bilden. Der gezeichnete Winkel auf diesem Muster verdeutlicht es. Stechen Sie die Nadel an Punkt 1 aus dem Stoff zur Vorderseite und bei Punkt 2 wieder hinein. So entsteht ein langer Stich an der ersten Seite. Stechen Sie die Nadel bei 3 wieder aus dem Stoff (Strecke 1 bis 3 sollte genauso lang sein wie 1 bis 2) und dann zurück bei 2.

**2.** Sticken Sie noch drei gleich lange Stiche zwischen den ersten beiden. Dann weben Sie mit kleinen überwendlichen Stichen über die langen Stiche, damit diese am Platz bleiben.

**3.** Verweben Sie den Faden drei- bis viermal. Das Spinnennetz ist fertig.

*Feder-stich, Seite 30*

*Satinstich-Motiv, Seite 33*

*lange und kurze Satinstiche, Seite 32*

**DER BLOCK**
Der klassische *Crazy*-Block ist mit Satinstichen und Motiven in den Farben bestickt, die den Farben des Stoffs schmeicheln.

# Satinstich-Motive

Kombinieren Sie Satinstickstiche und Spitze, das verleiht Ihrer Arbeit einen nostalgischen Look, der an viktorianisches Patchwork erinnert. Solche Aufbügelmuster sind kaum im Handel zu finden, aber mit Bügelmusterstift und Butterbrotpapier können Sie leicht eigene Vorlagen gestalten und übertragen.

## Den Block gestalten

**Sie brauchen:**
- 2 oder 3 Strängchen Baumwoll- oder Seidentwist
- Butterbrotpapier
- Bügelmusterstift oder Bleistift HP
- Embellishments nach Geschmack
- Stickrahmen
- Schablonenvorlagen (Seite 118)

## Motive übertragen

Handelsübliche Bügelmuster und Bügelmusterstifte erzeugen nach dem Aufbügeln auf Stoff ein Spiegelbild der Vorlage. Einige verbleiben im Stoff, deshalb sollten Sie darauf achten, daß sie von der Stickerei verdeckt sind. Auf hellen Stoffen können Sie das Muster mit einem Bleistift HP übertragen.

## Stickmotive

Spannen Sie den markierten Stoff in einen Stickrahmen und füllen das Motiv mit Satinstichen (Seite 32) aus. Am besten sticken Sie ihr Motiv, bevor Sie das Patchwork nähen, Sie können es aber auch später einfügen.

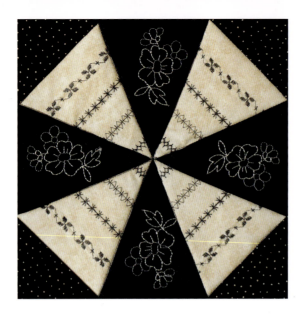

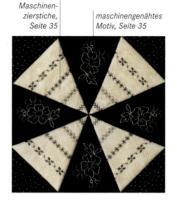

Maschinen-
zierstiche,
Seite 35

maschinengenähtes
Motiv, Seite 35

**DER BLOCK**

Der Kaleidoskop-Block ist aus
Stoffen gearbeitet, die mit
Zierstichen und Motiven der
Nähmaschine bestickt sind.

# Sticken mit der Nähmaschine

Mit den Zierstichen Ihrer Nähmaschine haben Sie eine Grundlage, auf der Sie sehr kreative Embellishments für Ihre Quilts entwickeln können. Üben Sie auf Stoffresten und notieren Sie sich, wie Sie Stichlängen und Fadenspannungen verändert haben, damit Sie bei weiteren Arbeiten die Einstellungen der Maschine wiederholen können.

### Den Block gestalten
**Sie brauchen:**
- Stoff, Vlies und Rückseitenstoff
- Maschinenstickgarn
- Standardnadeln, Metallicnadeln
- Schablonen A und B (Seite 122)
- Stabilisatoren

### Die Nähmaschine
Bevor Sie beginnen zu sticken, informieren Sie sich darüber im Handbuch der Maschine.

### Stickgarne
Suchen Sie „Ihr" Stickgarn aus einer Vielfalt von Farben, Qualitäten, Fasern und Eigenschaften aus. Jedes Garn erzeugt beim Sticken bestimmte Effekte (siehe Seite 15). Vielleicht müssen Sie für ein bestimmtes Garn die Oberfadenspannung der Maschine verändern, lesen Sie dazu unbedingt im Handbuch nach.

### Nadeln
Einige Maschinenstickgarne werden mit besonderen Nadeln verarbeitet; beispielsweise hat eine Metallicnadel ein runderes Öhr, damit der Faden nicht bricht.

*Sticken mit der Nähmaschine*

## Alles ist möglich

Maschinenstickerei kann auf nur einer Lage Stoff ausgeführt werden oder zusammen mit dem Vlies und der Rückseite. Sticken Sie zum Beispiel nur auf dem Stoff, sollten Sie einen Stabilisator unterlegen, damit das Motiv auf dem *Crazy*-Patchwork glatt liegt und sich der Stoff nicht verzieht. Verwenden Sie dazu eine Näheinlage oder ein ausreißbares Stickvlies.

Wenn Sie durch alle Lagen oder nur durch Oberseite und Vlies sticken, dienen die Stiche auch als Quilting, und die Arbeit bekommt als neue Dimension eine reliefartige Struktur.

## *Embellishment mit Nähmaschinenstickerei*

Machen Sie zuerst immer eine Stickprobe auf einem Stoffrest, bevor Sie auf dem Originalblock sticken. So stellen Sie auch sicher, daß Ihre Maschine richtig eingestellt haben.

**1.** Wählen Sie einen Stickstich in der Maschine aus. Schneiden Sie ein Stück Stoff von 5 in/12,5 cm Breite und 20 in/51 cm Länge zu und markieren darauf 4 gerade Linien im Abstand von 1 in/2,5 cm über die Stofflänge. Die erste Linie ist 1¼ in/3,2 cm von der Stoffoberkante entfernt.

**3.** Sticken Sie auf den 3 anderen gezeichneten Linien schöne Zierstichreihen.

**2.** Befestigen Sie ein Stück Stabilisator unter dem Stoff. Hier haben wir leichte Bügeleinlage benutzt. Besticken Sie jetzt die erste Linie.

**4.** Legen Sie Schablone A an eine Stoffkante an und schneiden sorgfältig 4 dreieckige Segmente aus dem bestickten Stoff. Versichern Sie sich, daß jedes Dreieck gleich gemustert ist.

**5.** Wenn Ihre Nähmaschine größere Einzelmotive sticken kann, können Sie diese auch gut in einem Block verarbeiten. Befestigen Sie den Stabilisator unter dem Stoff und sticken das Motiv viermal mit dem erforderlichen Abstand zueinander. Legen Sie jetzt die Fensterschablone zentriert auf und schneiden die Form sauber aus. Nähen Sie alle Teile abwechselnd zusammen, ergänzen Sie dann den Block mit den 4 Ecken, die Sie mit Schablone B zugeschnitten haben. Legen Sie den Block mit Vlies und Rückseite aufeinander und quilten nach Belieben.

### TIP

*Wenn Sie die Motive auf ein großes Stoffstück sticken und daraus zuschneiden, können Sie diese viel leichter zentrieren, als wenn Sie erst zuschneiden und dann sticken.*

## *Positiv-negativ-Block*

Experimentieren Sie mit den Zierstichen Ihrer Nähmaschine.

35

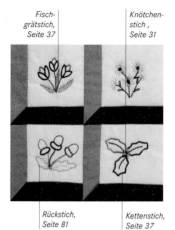

*Fisch-grätstich, Seite 37*

*Knötchenstich, Seite 31*

*Rückstich, Seite 81*

*Kettenstich, Seite 37*

**DER BLOCK**

Klassische *Attic Window*-Blöcke (*Fenster zum Hof*) mit *Candlewick*-Stickerei in den Fenstern. Die Muster stehen für die Jahreszeiten, Frühling, Sommer, Herbst und Winter und sind mit den gebräuchlichsten *Candlewick*-Stichen gestickt.

# Candlewick-Stickerei

Diese althergebrachte Stickerei ist in den letzten Jahren wieder sehr beliebt geworden. Candlewick-Stickerei kann für sich allein verwendet werden, um Quilts zu besticken oder mit anderen Sticktechniken kombiniert werden. Traditionell arbeitet man auf Muslin mit sogenanntem Dochtgarn in den Farben Creme oder Ecru. Moderne Interpretationen dieser Technik arbeiten aber mit allen Arten von Garn auf allen möglichen Materialien. Das bietet die Gelegenheit, die Farben der Stickerei denen des Quilts perfekt anzupassen.

## Den Block gestalten

**Sie brauchen:**
- Patchworkblock, Vlies, Rückseitenstoff
- Dochtgarn, Baumwollperlgarn 8-12, Seidenperlgarn oder Baumwollsticktwist (3 Fäden)
- Quilt- oder Stickrahmen
- Schablonen (Seite 119)

## Stickstiche

Es gibt eine Reihe von Stickstichen, die bei der *Candlewick*-Stickerei gerne gearbeitet werden: Knötchenstich (Seite 31), Satinstich (Seite 32), Rückstich (Seite 81), Stielstich (Seite 37), Kettenstich (Seite 37), manchmal auch der Federstich (Seite 30) und der Fischgrätstich (Seite 37).

## Muster und Motive

Quiltmuster und Stickereivorlagen können beide in *Candlewick*-Stickerei umgesetzt werden. Suchen Sie Vorlagen, die klare Umrisse haben und Bereiche zeigen, die sich mit Stichen ausfüllen lassen. So entsteht eine reliefartige Struktur.

Das Muster übertragen Sie auf hellen Stoff am besten mit einem Silberstift oder feinem Bleistift; Schneiderkreide oder Bügelmusterstift eignet sich für dunkle Stoffe (Seite 11). Kreide und Bügelmusterstifte sind oft nicht auswaschbar und sollten deshalb nur gebraucht werden, wenn Sie mit dickem, farbigem Faden sticken wollen. Wenn die Stickerei fertig ist, quilten Sie entlang der Konturen.

# Embellishment mit Candlewick-Stickerei

*Candlewick*-Stickerei ist in der Regel im Rahmen auf eine Lage Stoff gestickt und danach gequiltet. Wenn Sie gleichzeitig durch die Vlieslage sticken, verhindert das ein Zusammenziehen des Stoffs und gibt der Oberfläche Struktur.

## STIELSTICH
Der leicht schräg liegende Stich eignet sich für Konturen und Blattstiele.

## KETTENSTICH
Dieser Konturenstich kann auch als Füllstich genutzt werden, wenn er in nebeneinander liegenden Reihen gestickt ist.

## GERADSTICH
Ein einfacher Einzelstich, der in der Länge variieren kann. Wird er mehrfach gearbeitet, kann man ihn für viele Stickmotive einsetzen, zum Beispiel für Sternblüten.

## FISCHGRÄTSTICH
Ein guter Stich zur Darstellung von Blättern. Zeichnen Sie eine Blattform und füllen sie mit dem Fischgrätstich aus. Der Stich wird im Winkel immer von einer Seite zur anderen gebildet.

**1.** Stechen Sie die Nadel bei Punkt 1 nach oben, und bei 2 wieder in den Stoff, bei 3 leicht schräg wieder heraus. Der Faden liegt immer unterhalb der Nadel. Ziehen Sie den Faden bei Punkt 3 durch den Stoff. Punkt 3 sollte genau zwischen 1 und 2 liegen.

**1.** Stechen Sie die Nadel bei Punkt 1 aus dem Stoff. Stechen Sie sie gleich daneben von rechts nach links wieder ein und bei Punkt 2 aus. Der Faden liegt dabei unter der Nadel und bildet eine kleine Schlinge. Ziehen Sie den Faden durch die Schlinge.

**1.** Stechen Sie die Nadel bei 1 aus dem Stoff, dort wo die Blütenmitte ist. Machen Sie einen langen Stich zu Punkt 2, stechen die Nadel ein, gehen mit ihr weiter zu Punkt 3 und wieder heraus.

**1.** Zeichnen Sie die Blattkontur auf den Stoff. Stechen Sie die Nadel bei Punkt 1 an der Blattspitze aus dem Stoff. Stechen Sie bei 2 wieder ein, bei 3 zurück nach oben.

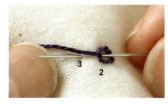

**2.** Legen Sie den Faden nach unten und führen einen Stich von Punkt 4 nach 2 aus. Wiederholen Sie die Stiche genau auf der Linie, und achten Sie auf Gleichmäßigkeit.

**2.** Stechen Sie die Nadel dicht neben Punkt 2 wieder in den Stoff, innerhalb der Schlinge und bei 3 wieder aus. Der Faden liegt unter der Nadel, der Stich geht von rechts nach links, und es ergibt sich wieder eine Schlinge. Wiederholen Sie den Stich zu einer gleichmäßigen Linie.

**2.** Stechen Sie die Nadel zurück zur Mitte an Punkt 4 und bei 5 wieder heraus. Der Abstand von 4 nach 5 sollte genauso groß sein wie der von 1 nach 2. Wiederholen Sie diesen Stich noch 7mal, bis die Sternblume 8 Strahlen hat.
Ein kleines Blümchen hat weniger Strahlen.

**2.** Stechen Sie die Nadel bei Punkt 4 wieder in den Stoff, direkt unter 2. Die Nadel kommt bei Punkt 5 aus dem Stoff, dicht neben 1. Jetzt wieder hinein bei Punkt 6, direkt unter 4, wobei die Blattmitte gekreuzt wird. Stechen Sie bei 7 wieder aus. Wiederholen Sie diese Stiche, immer die Blattmitte kreuzend, bis das Blatt ausgefüllt ist.

*Federstich, Seite 30*  *Kettenstich, Seite 37*

**DER BLOCK**
Am *Le Moyne Star* ist sehr schön zu sehen, wie Konturenstiche den Block verschönern.

# Konturenstiche

Ein dekorativer Konturenstich unterstreicht die Linien eines Blocks. Er kann die Grenze zwischen den Farben zweier Stoffe bilden, die Farben der Stoffstücke verändern oder einfach nur schmückender Effekt sein. Die Konturenstiche können per Hand oder Maschine gestickt und natürlich noch mit Perlenstickerei betont werden.

## Den Quilt gestalten

**Sie brauchen**
- Patchworkblock, Rückseitenstoff, Vlies
- Stickgarn
- schmales Klebeband (nach Wunsch)

## Stickgarn

Benutzen Sie alle Handarbeitsgarne, die wir auf Seite 15 vorgestellt haben. Wählen Sie die Garnfarbe sorgfältig aus. Wenn Sie die Trennungslinie zwischen zwei Stoffen betonen möchten, soll die Farbe kontrastieren, aber auch zu beiden Stoffen passen. Wenn die Stickerei die Farben des Stoffs aufhellen oder abdunkeln soll, muß das Garn den richtigen Farbwert haben.

## Sticklinien markieren

Konturenstickerei wie bei diesem *Le Moyne Star* kann ganz einfach den Nahtlinien der Patches folgen. Die Sticklinien sollten auf jeder Seite der Naht in abfallender Linie angeordnet sein. Wenn aber „Echo-Quilten" um eine Form gewünscht ist, um die Farbe zu verändern oder zu betonen (wie bei den Quadraten und Dreiecken des Blocks zu sehen ist), sollten Sie die geraden Linien entweder im gleichen oder abgestuften Abstand zueinander sticken. Damit die Linien gerade werden, benutzen Sie ein schmales Klebeband (¼ in/0,6 cm breit), oder markieren Sie die Linien mit Bleistift. Sticken Sie mit der Maschine, hilft das metallene Lineal, das oft zum Zubehör gehört.

**KONTURENSTICHE**
Die Bilder links zeigen Konturenstickerei und Echo-Quilten.

*Konturenstiche*

## Embellishment mit Konturenstichen

Als Quiltstiche können Konturenstiche direkt mit durch das Vlies gestickt werden. Je nachdem welche Stickstiche Sie gewählt haben, kann das nicht nur recht einfach, sondern sehr kunstvoll aussehen.

> **TIP**
>
>
>
> *Denken Sie daran, den Knoten durch die Rückseite ins Vlies ploppen zu lassen, wenn Sie mit Sticken beginnen.*

**1.** Plätten Sie den Block, und heften Sie ihn mit Vlies und Rückseite zusammen. Wählen Sie Stickstich und Garn aus. Hier ist der Federstich (Seite 30) mit Silberfaden um die Kanten des Sterns gestickt, die Konturenstiche sind mit türkisfarbenem Sticktwist in den Quadraten und Dreiecken ausgeführt.

**3.** Besticken Sie alle Nähte des Sterns mit dem Federstich. Wenn Sie alle Konturen betont haben, „echoquilten" Sie in den Quadraten und Dreiecken. Da es wichtig ist, gerade Linien zu sticken, markieren Sie mit Bleistift vor, oder arbeiten Sie mit Klebeband, wenn Sie keine Linien haben möchten. Bei einem kleinen Block wie diesem kleben Sie ein ¼ in/0,6 cm breites Band entlang der inneren Nahtkante.

**5.** Drücken Sie das Markierband an der zweiten Kante an und sticken weiter.

**2.** Der Federstich hat „Richtung". Das ist der Grund, weshalb Sie die Stickordnung planen müssen. Beginnen Sie in einer Sternspitze und besticken immer die Linie bis zum Mittelpunkt des Sterns.

**4.** Beginnen Sie in der inneren Ecke des Quadrats oder Dreiecks und sticken immer entlang der inneren Kante des Klebebandes Echostiche. Wir haben den Kettenstich gearbeitet, aber mit Stielstich, Quiltstichen oder Maschinenstichen wird es genauso schön.

**6.** Legen Sie das Markierband jetzt entlang der gerade gestickten Linie, und sticken eine weitere Linie neben der vorherigen. Führen Sie das Echoquilten in dieser Art fort, bis alle Quadrate und Dreiecke bestickt sind.

39

Maschinen-
quilten in
der Naht,
Seite 20

Gedrehte
Hohlnaht,
Seite 41

**DER BLOCK**

Vier Miniquadrate *(Quiltlets)*, auf einer Unterlage genäht und mit Hohlnähten zum 9 in/23 cm großen Viererblock zusammengefügt.

# Hohlnähte

Kleine Patchworkblöcke sind mit Hohlnähten schnell und praktisch zusammengenäht. Die Oberseite ist fertig gequiltet und wird mit Vlies und Rückseite rechts auf rechts an den Außenkanten zusammengenäht. Jetzt nur noch verstürzen und das „Quiltchen" ist fertig.

### So wird der Quilt gemacht
**Sie brauchen**
- Vier „Quiltchen"
- Baumwolltwist oder Baumwollperlgarn No 5 oder 8
- Ein Stück Papier, das etwas größer ist als 2 „Quiltchen"

### Garne
Arbeiten Sie mit ziemlich dickem Garn- Baumwollsticktwist oder Baumwollperlgarn Stärke 5 oder 8. Die Farbe kann die gleiche sein wie die des Stoffs oder eine Kontrastfarbe.

### „Quiltchen" nähen
Schöne Blöcke zu nähen, macht vielen Quiltern Spaß, aber die Lagen aufeinander heften und quilten wird oft als wenig erfreulich empfunden. Mit dieser Methode können Sie kleine „Quiltchen" nähen, mit nur einem einzigen Blockmuster oder gleich der ganzen Mustersammlung. Sticken Sie die kleinen Einzelteile beispielsweise mit gedrehten Hohlnähten zusammen, wie auf der nächsten Seite erklärt.

**VERSCHIEDENE FORMEN VERBINDEN**

Quiltchen lassen sich in verschiedenen Größen aus vielen Formen nähen.

*Hohlnähte*

## Embellishment mit Hohlnähten

Dieser Blocktyp eignet sich sehr gut, um mit bildhaften Stoffen zu arbeiten oder um einen besonderen Druckstoff einzurahmen. Genauso schön fügen Hohlnähte Quadrate mit *Candlewick*-Stickerei, Kreuzstichmuster und Spitzenornamente zusammen.

### GEDREHTE HOHLNAHT

**1.** Legen Sie 2 der Quiltchen dicht nebeneinander und stecken sie mit einer Nadel fest. Der Hohlnahtstich wird beide Miniquadrate mit wechselseitigen Stichen entlang der Außenkanten verbinden. Sie arbeiten von links nach rechts. Fädeln Sie die Nadel ein und lassen den Knoten zwischen die Lagen hinein ploppen. Stechen Sie die Nadel an der Ecke des unteren Quiltchens ein und an der vorderen Kante des oberen wieder aus.

**2.** Stechen Sie die Nadel unter und über dem Faden durch und dann in einem leichten Winkel von unten durch die Kante des unteren Quiltchens.

**3.** Stechen Sie die Nadel unter und über den vorigen Stich und von unten zurück durch die Kante des oberen Quiltchens.

**4.** Wiederholen Sie die Schritte 2 und 3 entlang den Kanten.

### TIP

*Damit der Zwischenraum der beiden Kanten gleichmäßig breit bleibt, heften Sie die Quiltchen auf ein Stück Papier. Zeichnen Sie dafür 2 Linien im Abstand von ¼ in/0,6 cm voneinander auf. Heften Sie die Quiltchen genau auf die gezeichneten Linien. Führen Sie die Hohlnahtstiche aus und entfernen das Papier.*

**5.** Jetzt noch zwei weitere Quiltchen zusammensticken und dann auf gleiche Weise mit dem gedrehten Hohlnahtstich an die ersten zwei nähen.

### HEXAGON-BLOCK

Der Hohlnahtstich eignet sich genauso gut für andere Formen, denn ein Block muß nicht immer quadratisch sein.

41

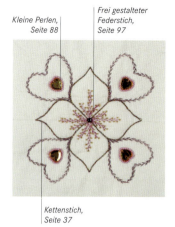

*Kleine Perlen, Seite 88*

*Frei gestalteter Federstich, Seite 97*

*Kettenstich, Seite 37*

**DER BLOCK**
Stickerei und Perlen werten diesen recht schlichten Block sehr reizvoll auf.

# Mehr als nur Quilten

Machen Sie ein schlichtes Grundmuster mit zusätzlicher Stickerei und aufgenähten Perlen attraktiver. Herzförmige Cabochonperlen, mit kleinen Perlchen umrahmt, sind von gestickten Herzen umschlossen. Die Stickerei in der Blockmitte verbindet Top und Rückseite, kleine Perlen verzieren die Spitzen der Federstiche.

## So wird dieser Block gemacht

**Sie brauchen**
- Stoff für den Block, Vlies, Rückseitenstoff
- Quiltschablone oder die Schablone auf Seite 120
- Perlgarn, Sticktwist oder Metallicgarn
- kleine Perlchen, *Cabochonperlen* (Motivperlen)

## Stoff

Ungemusterter oder selbst gefärbter, gemusterter Stoff eignet sich am besten, um die Stickerei zur Geltung zu bringen. Ein weicher, dicht gewebter Baumwollstoff läßt sich leicht verarbeiten, verblüffende Effekte ergeben sich mit Seide.

## Garne

Wählen Sie Stickgarn aus, das sich nicht verheddert oder ausfranst. Perlgarn oder 2–3fädiger Sticktwist eignet sich am besten. Metallgarn kann als Einzug in Geradstiche verarbeitet werden, das verhindert ein Ausfransen des Materials, weil der Faden nicht durch den Stoff gezogen wird. Wenn Sie die Perlen aufsticken, verwenden Sie eine sehr feine Nadel und unsichtbares Garn oder zur Farbe der Perlen passenden Faden.

## Muster markieren

Suchen Sie ein einfaches Quiltmuster aus, dessen Linien nicht zu dicht beieinander liegen. Schauen Sie einmal auf Seite 120, oder finden Sie eins in Ihrem Vorrat. Übertragen Sie das Muster mit einem geeigneten Markierstift.

*Mehr als nur Quilten*

# Embellishment mit verschönertem Quilten

Stickstiche und Perlen können Ihr Quilting verzaubern. Vielleicht nehmen Sie als Rückseite einen Druckstoff, der ungleichmäßige Stiche versteckt.

von hinten durch die Löcher in der Motivperle.

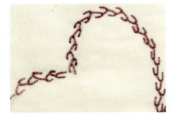

**4.** Fädeln Sie mit der Nadel eine Perle auf, stechen die Nadel zurück durch Stoff und Vlies bei Punkt 2. Die Perle sitzt nun genau auf der Spitze des Federstichs.

**1.** Legen Sie den Quiltsandwich: Top, Vlies und Rückseite. Beginnen Sie mit dem Quilten in der Mitte entlang der markierten Linien. Hier habe ich den Kettenstich gewählt (Seite 37) und mit zwei Metallicfäden gestickt.

**2.** Die äußere Herzform ist im Federstich gestickt (Seite 30). Berücksichtigen Sie bitte, daß der Federstich „Richtung" hat und beginnen die Stickerei jeweils in der Mitte der Herzform und enden an der Spitze, damit die Stickrichtung immer gleich ist.

**7.** Damit die scharfe Kante der Motivperle bedeckt ist, sticken Sie kleine Perlen rundherum. Nehmen Sie mit der Nadel eine einzelne Perle auf, ziehen den Faden durch und stechen die Nadel wieder an der Ausstichstelle ein.

**5.** Stechen Sie die Nadel bei Punkt 3 wieder nach oben und befestigen an der Spitze dieses Federstichs eine weitere Perle. Wiederholen Sie den Vorgang bei allen Spitzen oder nur bei einigen, wenn Sie möchten.

# Noch ein Block

Der *Churn Dash*-Block zeigt ein weiteres Beispiel mit schöner Stickerei. Hier sind es der Hexenstich (Seite 29), der Kretische Stich und ein sehr langer Quiltstich. Die Punkte auf dem Stoff im Mittelquadrat sind mit kleinen Perlen betont.

**3.** Nach Beendigung der Stickerei nähen Sie noch Perlchen auf. Sticken Sie auf jede Spitze des Federstichs eine kleine Perle, indem Sie den Faden von unten durch den Stoff stechen (Punkt 1), dabei den Knoten ins Vlies ploppen lassen.

**6.** Sticken Sie herzförmige Motivperlen in der Mitte der gestickten Herzform auf. Stechen Sie die Nadel

**8.** Stechen Sie die Nadel wieder aus dem Stoff, ein kleines Stückchen vor der Stelle entfernt, wo die Perle sitzen soll. Fädeln Sie die Perle auf und stechen ein wenig hinter der Perle wieder in den Stoff. So erreichen Sie, daß die Perlen ohne Zwischenraum dicht nebeneinander sitzen. Umsticken Sie auf diese Weise die Motivperle.

43

*Handquiltstiche, Seite 20*

**DER BLOCK**
Stickerei und Perlen betonen die Stoffmuster und geben ihnen Glanz.

*Verschönerter Stoffdruck, Seite 45*

*Federstich, Seite 30*

# Druckstoffe verschönern

Wählen Sie einen Stoff aus, der nicht nur ein interessantes, gefälliges Design hat, sondern auch klar abgegrenzte Musterumrisse, die mit Stickerei oder Perlen betont werden können. Fäden und Embellishments sollen nicht nur den Stoff hervorheben, sondern auch die Linien des Musters betonen.

### So wird dieser Block verschönert
**Sie brauchen**
- Patchworkblock, Vlies, Rückseitenstoff
- Stickgarn
- Perlen

### Farben auswählen
Die Farben der Perlen und der Garne sollten sich dem Stoff anpassen und ihn nicht überwältigen, obwohl einige Stoffmuster von starkfarbigem Garn profitieren, wenn man eine bestimmte Stelle betonen will. Hier sind es Metallicgarne im gleichen Farbton wie dem des Drucks sowie Twist für die Handarbeit und als Maschinenstickgarn.

### Stickstiche
Ihre Wahl sollte zum Design des bedruckten Stoffes passen. Einfache Stiche, die die Hauptmotive des Stoffes zur Wirkung bringen, wirken immer gut.

### Muster auswählen
Damit Sie das Beste aus einem Stoffmuster machen können, sollten Sie die Patchworkform aus einer bestimmten Stelle im Stoff heraus zuschneiden. Manchmal müssen Sie wohl nur ein Mittelmotiv schneiden oder aber mehrere wie hier bei dem Mosaik aus Batikstoffen. Statt eines Patchworkblocks gefällt Ihnen vielleicht auch einer, der die einzelnen Formen mit fixierbarem Web aufgebracht hat und diese dann mit Applikationsstichen befestigt sind.

*Druckstoffe verschönern*

## Embellishment mit Druckstoffen

Nähen Sie einen schlichten Block aus interessantem Druckstoff, und setzen Sie Glanzpunkte mit Stickerei und Perlen.

**1.** Legen Sie Top, Vlies und Rückseite zum „Quilt-Sandwich" zusammen. Von der Blockmitte ausgehend wählen Sie die Stellen aus, die Sie quilten oder mit Perlen versehen möchten. Der Batikstoff hier hat kleine Punkte in der Mitte und eignet sich deshalb gut zum Besticken mit Knötchen und Perlen. Gestalten Sie mit Perlen in verschiedenen Farben ein Muster oder sticken Sie die Perlen nach dem Zufallsprinzip auf.

**3.** Umranden Sie die Blütenblätter mit kleinen Quiltstichen aus zweifädigem Metallicgarn.

**5.** Wiederholen Sie die Perlenstickerei und das Quilting in den Eckquadraten, die hier jeweils aus einem Viertel des Blütenmotivs in der Blockmitte bestehen. Besticken Sie jetzt noch die Umrisse des Mittelquadrats und der Dreiecke mit dem Federstich, dann treten die Musterlinien klar hervor und das Embellishment ist vollständig.

**4.** Verschiedene Farben beleben die Stickerei.

**2.** Umranden Sie das Motiv noch mit Knötchen (Seite 31) aus dickem Metallicfaden.

## Noch ein Block

Der nebenstehende Block ist mit der Nähmaschine bestickt. Probieren Sie Garne und die Zierstiche Ihrer Nähmaschine erst aus, bevor Sie den Originalstoff bearbeiten. Notieren Sie alle nötigen Einstellungen der Maschine bezüglich Fadenspannung und Stichgröße. In diesem Block betonen die Stickstiche nicht nur die Stoffe, sondern applizieren sie auch auf den Hintergrund.
Der Dreieckstich betont den Stoff, da er die Spitzen der Rauten widerspiegelt, während der kupferfarbene Metallicfaden den Farben schmeichelt. Die Rauten sind mit doppeltem Festonstich appliziert, Satinstiche folgen den Konturen des Stoffs als Quilting.

# Embellishment mit Bändern und Litzen

Bänder, Spitze und Litzen eignen sich gut, um offene Kanten an Nahtstellen zu bedecken; aus Bändern entstehen hübsche Blumen und Schleifen, Spitze liegt über einem Stoff und schattiert dessen Farbe oder erzeugt eine interessante Textur. Aus Spitze, Bändern und Litzen läßt sich sogar ein neuer Stoff für das Zentrum des Blockmusters weben.

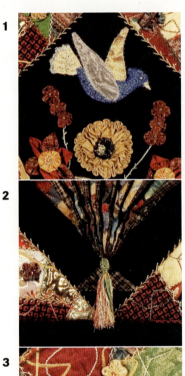

Mikado
*39 x 39 in / 99 x 99 cm*

Der dreidimensionale Fächer ist gefüllt mit opulenten applizierten Blüten (1) und geschmückt mit Perlen, Pailletten und einer Quaste (2). *Crazy-Patchwork* in den Ecken, verschönert mit aufgenähten Bändern, Spitze und *Suffolk Puff*-Blumen runden das Bild ab (3).

*Galerie*

Highland Fling

*(Schottischer Volkstanz) 45 x 45 in / 114 x 114 cm*

Die schottische Atmosphäre wird spürbar, wenn Sie diesen Quilt anschauen, dessen Blöcke „auf einer Unterlage" genäht sind (*Foundation Piecing*). Die Spitzeneinsätze (1) erinnern an die wirbelnden Jabots der Tänzer, die spitzen goldenen Dreiecke stehen für die gekreuzten Schwerter (2). Im Rand sind Distelmotive gequiltet (3).

*Rosette, Seite 49*  *Schnellpatchwork, Seite 49*

*Satinschleife*

**DER BLOCK**
Nähen Sie schöne Bänder und Litzen an die offenen Kanten des *Crazy*-Blocks.

# Bänder und Litzen

Seide, Baumwolle, Polyester, Rayon, Metall und jegliche Mischung daraus; Bänder und Litzen werden aus einer Vielzahl Materialien hergestellt. Berücksichtigen Sie diese Tatsache, wenn Sie Bänder und Litzen verarbeiten, denn manchmal vertragen diese kein heißes Bügeleisen, sind nicht farbecht und auch nicht waschfest. Alle Bändchen sollten recht schmal sein, zwischen ¼ in/0,6 cm und ½ in/1,2 cm, jedoch abhängig von der Größe des Blocks. Je größer die Patches, desto breitere Bänder können Sie verarbeiten.

## So wird dieser Block gemacht
**Sie brauchen**
- Unterlagenstoff für den Block
- Verschiedene Stoffe für das *Crazy*-Patchwork
- Bänder und Litzen

## Sticken über Bänder und Litzen
Arbeiten Sie per Hand mit Blindstichen (Seite 49) oder mit schönen Stickstichen. Wenn Sie sich für die Arbeit mit der Nähmaschine entscheiden, probieren Sie Geradstiche und Stickstiche aus. Hexenstich und Federstich wirken sehr attraktiv.

## Schnellpatchwork
Bedecken Sie die Nähte eines *Crazy*-Quilts mit Bändern oder Litzen in einem Arbeitsgang beim Nähen der Stoffstücke auf die Unterlage. Eine weitere Möglichkeit ist es, die Stoffstücke Kante an Kante aufzuheften und dann die Anstoßlinien mit Bändern zu übernähen. Wenn Sie die Bänder applizieren, beginnen Sie mit den kurzen Strecken, danach überdecken Sie die offenen Enden dieser Bänder, dann wieder die offenen Enden mit den nächst längeren Bändern.

*Bänder und Litzen*

# Embellishment mit Bändern und Litzen

Stickerei, Schleifchen und Rosetten sind hier das Embellishment für Ihren Patchworkblock. Wenn Sie mögen, sticken Sie durch Top und Vlies gleichzeitig.

**SCHNELLPATCHWORK**

**1.** Schneiden Sie ein Stück Untergrundstoff zu, wenigstens ½ in/ 1,5 cm größer als gewünscht. Entscheiden Sie, wie Sie die Stoffe plazieren möchten, und versuchen Sie, jeden Stoff mindestens dreimal zu benutzen. Das hängt natürlich von der Anzahl Ihrer Stoffe und der Größe des Blocks ab.

**3.** Schneiden Sie ein drittes Stück Stoff zu, das an einer Seite lang genug ist, eine Seite der vorher verbundenen Stücke leicht zu überlappen. Legen Sie auf diese „Naht" wieder ein Bändchen und heften es fest.

**2.** Nehmen Sie einen schönen Stoff mit Muster für die Mitte, etwa wie diese Katze, schneiden ein Fünfeck aus und legen es mitten auf den Unterstoff, rechte Seite nach oben. Schneiden Sie ein anderes Stoffstück zu, dessen eine Seite so lang ist wie eine Seite des ersten Stücks. Legen Sie es leicht überlappend an diese Stoffkante. Schneiden Sie jetzt ein Bändchen von der Länge dieser Seite zu und plazieren es über diese „Naht". Stecken oder heften Sie es und nähen es dann fest.

**4.** Befestigen Sie das Bändchen oder die Litze mit dem Blindstich (siehe rechts) auf beiden Kanten, besticken Sie die Kanten, oder benutzen Sie die Nähmaschine. Fügen Sie auf diese Weise immer mehr Stoffe hinzu, bis der Unterstoff ganz bedeckt ist.

**ROSETTEN**

**1.** Schneiden Sie von einem ½ in/ 1,2 cm breiten Bändchen ein 3½ in/ 9 cm langes Stück ab. Nähen Sie Vorstiche an der Unterkante, mit doppeltem Faden, damit dieser nicht reißt, wenn er angezogen wird.

**2.** Ziehen Sie den Faden sanft, aber fest zusammen.

**3.** Legen Sie die Enden des Bändchens rechts auf rechts aufeinander und nähen sie zusammen. Ziehen Sie die Rosette flach in Form und nähen sie auf den Block.

**RÜSCHEN**

Arbeiten Sie per Hand oder Maschine einfache Vorstiche über die Mitte eines ½ in/1,5 cm bis ¾ in/2 cm breiten Bändchens. Ziehen Sie den Faden sanft an und schmücken mit der Rüsche eine Naht.

**BLINDSTICH**

Stechen Sie die Nadel von hinten aus dem Stoff zur Vorderseite, genau in der Kante der Litze, danach fast an der gleichen Stelle wieder zurück. Der nächste Stich ist ungefähr 3 mm weit entfernt, alle weiteren ebenso. Führen Sie diese Naht entlang der ganzen Kante aus.

> **TIP**
>
> *Eine Doppelrosette sieht sehr hübsch aus. Arbeiten Sie diese aus zwei verschieden breiten Bändchen und nähen die kleinere auf die größere Rosette. Noch eine Perle oder Paillette auf die Mitte sticken, und fertig ist das Schmuckstück.*

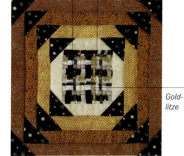

*Samtband* — *Weben mit Stoffstreifen, Seite 50* — *Goldlitze*

**DER BLOCK**

Genäht auf einer Unterlage, in der Mitte ein Gewebe aus Bändern, Litzen und Fäden: Die Jagd nach der wilden Gans.

# Webeffekte

Stoffstreifen, Fäden, Bändchen, Litzen, Spitze, alles miteinander verwebt ergibt immer eine reizvoll strukturierte Mitte für jeden Block. Wählen Sie die Farben der Bänder, der Spitze und Litzen als vorteilhafte Ergänzung zu den Farben der Stoffe.

### Den Block gestalten
**Sie brauchen**
- Stoffe für das Top, Vlies, Rückseite
- Stoffstreifen, Fäden, Bänder, Litzen, Spitze
- Leichte Bügeleinlage

### Materialien zum Weben

Die gewebte Mitte sollte gut zu den Farben und der Größe des Blocks passen. Je kleiner das mittlere Patch, desto schmaler die Streifen des *Log Cabin*. Prüfen Sie, ob die Bänder, Litzen und Spitzen waschfest und farbecht sind, und bügeln Sie die Kanten der Stoffstreifen um. Einige Garne und Bänder vertragen kein heißes Bügeleisen, legen Sie deshalb ein Bügeltuch über das „Gewebe" und kontrollieren die Bügeltemperatur.

**WEBEN MIT STOFF**

**1.** Schneiden Sie ein Stück leichter Bügeleinlage in der Größe Ihres fertigen Gewebes zu, plus einer Nahtzugabe von ½ in / 1,5 cm. Markieren Sie die Nählinie auf der Einlage.

**2.** Legen Sie die Bügeleinlage mit der beschichteten Seite nach oben vor sich. Wählen Sie Ihre Webbänder aus und legen sie entlang der Oberkante der Einlage auf. Sie sollten die Ober- und Unterkante der Einlage mindestens 1 in / 2,5 cm überlappen. Prüfen Sie, ob die Bänder ohne Zwischenräume dicht nebeneinander liegen. Nähen Sie alle Webbänder auf der Einlage fest.

Webeffekte

## Embellishment und Weben

Gewebte Quadrate aus Bändern und Litzen machen sich gut in vielen Patchworkblocks, entweder als Mittelstück oder an jeder beliebigen Stelle im Block. Gewebte Stücke bringen Struktur und sind in künstlerischen Quilts Blickfang. Versuchen Sie doch auch einmal, durch Netztüll zu weben.

**WEBEN AUF NETZTÜLL**

**3.** Drehen Sie das Quadrat um 90 Grad und wiederholen Schritt 2. Die Bänder liegen jetzt genau im rechten Winkel zueinander. Dieses Mal nähen Sie die Streifen nur an der oberen Kante fest, unten bleiben sie zum Weben offen hängen.

**5.** Weben Sie den ersten Streifen immer abwechselnd über und unter die festen Streifen und ziehen das Ende durch.

**1.** Schneiden Sie ein Stück Tüll auf die erforderliche Größe, plus einer großzügigen Nahtzugabe.

**3.** Weben Sie immer weiter von einer Seite zur anderen, bis das ganze Netz bedeckt ist. Legen Sie das Gewebe auf einen Unterstoff und nähen es rundherum darauf fest.

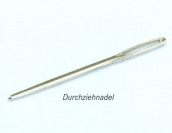

**4.** Schneiden Sie das Ende des Bandes schräg ab und fädeln es durch das Öhr einer langen, dicken, stumpfen Durchziehnadel.

**6.** Weben Sie den zweiten Streifen ein, immer entgegen dem ersten drunter und drüber. Wiederholen Sie den Vorgang, bis alle Streifen verwebt sind. Nähen Sie die losen Streifenenden mit der Maschine fest und noch einmal um den ganzen Block herum. Plätten Sie den Block, damit alle Streifen auf der Bügeleinlage fixiert sind. Schneiden Sie das Webquadrat dann auf die gewünschte Größe und arbeiten es in Ihr Projekt ein.

**2.** Suchen Sie Fäden, Litzen und Bänder aus, die sich leicht durch die Löcher des Tülls ziehen lassen. Fädeln Sie ein Bändchen in die Durchziehnadel und stopfen es immer auf und ab durch den Netztüll. Das nächste Band weben Sie wieder auf und ab, aber im rechten Winkel zum ersten Band durch den Tüll.

**4.** Beachten Sie, daß die Farbe des Unterstoffs das Erscheinungsbild des fertigen Stücks beeinflußt. Schneiden Sie das Gewebe auf die erforderliche Größe und vergessen dabei nicht die Nahtzugabe. Das wird ein schönes Mittelquadrat für den Block.

*Durchziehnadel*

*Anlegetechnik um eine Applikation, Seite 53*

*Anlegetechnik mit der Nähmaschine, Seite 53*

*Anlegetechnik mit der Nähmaschine, Seite 53*

**DER BLOCK**

Mit der Anlegetechnik werden Linien aus Bändern auf den Block gebracht, gerade, geschwungen oder in Schleifen. Unversäuberte Kanten einer Applikation lassen sich so überdecken, wie bei den Herbstblättern zu sehen, und auch die Musterlinien eines bedruckten Stoffs betonen.

# Anlegetechnik (Couching)

Dicke Schnüre, breite Bänder, Perlenlitze oder gedrehte Fäden werden am sichersten und schönsten mit der Anlegetechnik an dem Stoff befestigt. Sie brauchen zwei Garne: ein dicker Faden, der auf den Stoff gelegt ist und ein zweiter dünner Faden, der ihn fixiert. Die Garne können gleich sein, oder der dünnere hat eine Kontrastfarbe, die in attraktiven Stickereien besonders hervorsticht.

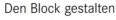

### Den Block gestalten
**Sie brauchen**
- Ein Stück Stoff, Vlies, Rückseite
- Garne und Bändchen
- Motivdrucke zum Applizieren oder die Schablonen von Seite 118–119
- Fixierbares Web

### Garne und Bänder

Die Anlegetechnik (Couching) läßt sich mit vielen Materialien arbeiten: dickes Perlgarn, Kettenlitze, Chenille, Metallbändchen und Metallschnüre, Wolle, Seidenbändchen, Sticktwist und Häkelgarn.
Frei geführte Anlegetechnik erfordert ein weiches, geschmeidiges Material, das sich gewundenen Linien schön anschmiegt. Seidenbändchen sind zum Beispiel nicht elastisch genug, um geschwungenen Linien zu folgen.

### Arbeitsvorbereitungen

Versuchen Sie, die dicken Materialien von links durch den Stoff zu stechen. Wenn das nicht möglich ist, lassen Sie den Anfang in einer Naht verschwinden, verstecken ihn unter einer Applikation oder einer Perlenverzierung.

*Anlegetechnik*

# Embellishment mit der Anlegetechnik (Couching)

Schöne Bänder winden sich über die Oberfläche oder geben den Kanten von Applikationen Kontur.

### KLASSISCHES COUCHING

**1.** Legen Sie ein Bändchen auf den Stoff. Stechen Sie die Nadel mit dem zweiten Faden von hinten auf einer Seite des Bändchens aus. Legen Sie den Faden über das Bändchen, und stechen Sie genau gegenüber der Ausstichstelle wieder ein.

**2.** Wiederholen Sie Schritt 1 ein kleines Stück weiter entlang des Bändchens. Ausstich und Einstich müssen immer im gleichen Abstand zueinander liegen.

### KREUZSTICH-COUCHING

Sticken Sie beim Couching immer nur in einer Richtung über das Bändchen. Wenn Sie ein Band von links nach rechts umstechen, ist es leichter, den ersten Stich aufwärts nach rechts und den zweiten Stich nach links zu machen, obwohl es fast immer genau anders herum gemacht wird.

**1.** Stechen Sie die Nadel von der Rückseite auf der Grundlinie bei Punkt 1 aus. Stechen bei 2 ein, der Faden liegt schräg. Bei Punkt 3 kommt der Faden wieder zur Oberseite und bei 4 wieder in den Stoff.

**2.** Stellen Sie sicher, daß das Bändchen unter den Kreuzstichen durchpaßt, und ziehen Sie die Fäden nicht zu stramm an.

### COUCHING MIT DEM HEXENSTICH

Arbeiten Sie mit der gleichen Technik wie beim Couching mit einzelnen Kreuzstichen (links), verlängern aber die Stiche über dem angelegten Garn und halten die Stiche darunter kurz. Die Stiche liegen auf beiden Seiten des angelegten Garns. Der Hexenstich ist auf Seite 29 beschrieben.

### APPLIKATIONEN MIT COUCHING BEFESTIGEN

Nähen Sie ein dekoratives Garn entlang der offenen Kanten eines applizierten Motivs auf.

**1.** Suchen Sie ein Motiv mit klaren Umrissen aus dem Stoff aus. Plätten Sie etwas fixierbares Web auf die Rückseite des Stoffs und lassen es abkühlen. Schneiden Sie das Motiv mit einer kleinen Nahtzugabe aus und ziehen das Trägerpapier ab.

**2.** Positionieren Sie das Motiv auf dem Stoff und plätten es fest. Beginnen Sie, das Bändchen anzulegen, indem Sie das Bandende mit der Nadel unter dem Motiv verstecken und festheften.

**3.** Mit Handstichen (wie hier) und klassischem Couching oder mit dem Zickzackstich der Nähmaschine befestigen Sie jetzt das Band über der offenen Kante des Motivs.

### ANLEGETECHNIK MIT DER NÄHMASCHINE

Für einige Nähmaschinen gibt es spezielle Bandannähfüße. Sie können aber auch den Standardfuß nutzen und das Band mit der Hand führen. Verwenden Sie einen Stich, der das Band ganz überdeckt, zum Beispiel den Zickzackstich, eingestellt auf die gleiche Breite wie das Band, oder den Federstich, der noch dekorativer ist.

Arbeiten Sie mit Maschinenstickgarn in der gleichen oder einer Kontrastfarbe zu der des Bandes.

53

*eingesetzte Spitze, Seite 55*

*eingesetzte Spitze, Seite 55*

*eingesetzte Spitze, Seite 55*

**DER BLOCK**

Der *Fancy Fan*-Block ist aus dem traditionellen Muster „Großmutters Fächer" entwickelt. Die eingesetzten Streifen aus Spitze verleihen dem Block etwas Zartes, betonen seine Linien und trennen die einzelnen Segmente voneinander. Der kleine Viertelkreis besteht aus einem Stück Spitze, das auf einen Stoff gelegt wurde, um seine Farbe abzuschwächen und die Schönheit des Stoffs herauszubringen. An seinem Rand betont ein Spitzenbändchen die runde Form und versteckt gleichzeitig die Naht.

# Spitzen und Bänder

Spitzen und hauchdünne Bänder sind eine hübsche Verzierung, schwächen die Farben des Blocks ab, lassen sie aber trotzdem durchscheinen, ohne den Rest des Blocks zu erdrücken. Wenn Sie Spitze in Ihrer Arbeit einsetzen, verleiht sie ihr eine gewisse Zartheit und macht die geometrischen Formen weicher.

## Den Block gestalten

**Sie brauchen**

- Stoff für den Block, Vlies, Rückseite
- Fixierstickvlies
- schmale Spitzenbänder
- Spitze für die Ecke

## Spitze

Alte Spitze ist nicht schwer zu bekommen. Besuchen Sie Flohmärkte, Wohltätigkeitsläden oder Secondhand-Shops. Dort gibt es sie für wenig Geld. Wenn Sie allerdings größere Mengen brauchen, kaufen Sie neue Spitze. Es gibt verschiedene Qualitäten, meistens aus synthetischen Grundstoffen. Baumwollspitze ist auch fast überall zu haben, aber sie ist oft recht dick und schwer. Es lohnt sich, in Geschäften nach guter Qualität zu suchen und sie auf Vorrat zu kaufen. Denken Sie auch daran, daß creme- oder ecrufarbene Spitze in einem Quilt weicher aussieht als reinweiße. Wenn Sie einen großen Quilt mit Baumwollspitze arbeiten, denken Sie daran, sie vorzuwaschen, damit das fertige Projekt nicht einspringt oder faltig wird.

## Spitze verarbeiten

Spitze hat eine rechte und eine linke Seite. Die rechte Seite ist glatt und hat erhabene, gleichmäßige Muster.

*Spitzen und Bänder*

# Embellishment mit Spitzen und Bändern

Die Technik kann bei vielen Blockmustern eingesetzt werden. Versuchen Sie es einmal bei dem *Dresden Plate*-Block.

**SPITZE ZWISCHENFASSEN:**
**FANCY FAN-BLOCK**

**1.** Schneiden Sie Schablonen aus Freezerpaper zu und denken daran, das Muster spiegelverkehrt aufzuzeichnen. Plätten Sie die ausgeschnittene Form mit der glänzenden Seite auf die linke Stoffseite der Fächersegmente. Schneiden Sie den Stoff rundherum mit Nahtzugabe aus. Markieren Sie die Nahtlinien auf der rechten und linken Stoffseite. Auf der rechten Stoffseite plazieren Sie die Kante eines schmalen Spitzenbändchens, genau über der Nahtlinie an der langen Seite des Fächersegments. Heften Sie das Bändchen fest und verfahren bei den anderen Segmenten ebenso.

**4.** Der kleine Viertelkreis im Zentrum des Fächers hat auch ein Embellishment aus Spitze. Wenn Sie ein Stück Spitze mit Motiv haben, zentrieren Sie es genau mittig auf dem Stoff. Legen Sie die Spitze mit der rechten Seite nach oben auf die rechte Seite des Stoffs. Heften Sie beide zusammen und schneiden die Spitze auf das Maß des Stoffs zu. Behandeln Sie jetzt beide Stoffe wie einen und applizieren den Viertelkreis auf den Block.

**2.** Wenn Sie mehrere Spitzen und Bänder benutzen, sticken Sie die Spitze auf jedes einzelne Stoffdreieck. Wenn Sie nur 2 Stücke Spitze benutzen und diese immer wiederholen, können Sie die Spitze auf ein Stück Stoff in entsprechender Länge und Breite für Schablonen sticken. Schneiden Sie die einzelnen Teile aus diesem langen Streifen. Beginnen und enden Sie mit dem gleichen Stück aus der Spitze. Um die erforderliche Länge zu bestimmen, schneiden Sie sich eine Schablone und zählen ab, wie viele dieser Teile Sie aus dem Stück Spitze schneiden können.

**2.** Nähen Sie die Fächersegmente zusammen, mit den Nahtlinien genau übereinander, aber nur bis zur Länge der kürzesten Naht (das heißt bis zum Ende der Papierschablone).

**3.** Plätten Sie die Nähte. Sind Sie sehr vorsichtig, wenn Sie Spitze aus synthetischen Fasern verarbeitet haben. Heften Sie die Fächeroberkanten über die Oberkante der Papierschablone, und applizieren Sie den Fächer auf den Unterstoff. Entfernen Sie die Papierschablone.

**FARBEN ABSCHWÄCHEN:**
**WINDMÜHLEN-BLOCK**

**1.** Schneiden Sie die Stoffstücke für den Block zu. Suchen Sie Spitze und Bänder aus, die in Größe und Farbe zusammenpassen, und plazieren Sie diese so auf dem Stoffdreieck, daß gesicherte Kanten die unversäuberten bedecken. Heften Sie alles fest und nähen dann mit passendem oder unsichtbarem Faden.

**3.** Legen Sie das Stück Spitze entlang des Stoffs, stecken und nähen es fest. Arbeiten Sie mit einem kurzen Stich.

**4.** Legen Sie die Schablonen auf den spitzenbedeckten Stoff und schneiden zu. Die Stücke sind jetzt zum Einnähen in den Block bereit.

# Noch ein Block

Im Windmühlen-Block trennt Guipure-Spitze die beiden Blockdreiecke, setzt das Spitzenthema fort und verstärkt das „Drehen" der Windmühle.

55

*Federstich, Seite 30*

**DER BLOCK**
Aus dem Dresdner Teller ist ein Weihnachtskranz geworden, mit Rüschenblumen aus Satinband und Blättern aus Bändchen.

*Rüschenblume, Seite 57*

*Bändchenblatt, Seite 57*

# Applizierte Blumen aus Bändern

Ob Crazy-Patchwork, Quiltumrandungen, Blöcke – diese vielseitigen applizierten Blumen schmücken jedes Projekt. Die klassische Baltimore-Rüschenblume schmückt hier einen weihnachtlichen Block. Der Kranz kann auch in sommerlichen Farben gestaltet sein, mit einer Girlande aus Blumen ringsherum.

### Den Block gestalten
**Sie brauchen**
- Patchworkblock, Vlies, Rückseite
- Satinband: 1,5 cm breit, ca. 56 cm pro Blüte. 2,5 cm breites Band für Blätter, jeweils 5 cm lang.
- Passendes Nähgarn

### Bänder
In jedem Stoffgeschäft, Patchwork- oder Handarbeitsladen können Sie aus einer Vielzahl von Bändern in jeder Qualität, Farbe und Breite aussuchen. Polyesterbänder sind waschfest und farbecht, Bänder aus Seide, Samt und Metall haben oft einen Polyesteranteil. Vielleicht treiben Sie auch noch irgendwo ein besticktes Baumwollband auf, aber das ist meist „antik" und eher rar.

*Applizierte Blumen aus Bändern*

# Embellishment mit Blumenapplikationen aus Bändern

Blüten aus Bändern sollten Sie immer als letztes auf den Quilt applizieren. Wenn sie zu früh aufgestickt werden, besteht die Gefahr, daß die dreidimensionalen Teile platt gedrückt werden und unschön aussehen. Sticken Sie die Blumen in ihrer Mitte fest, damit die Ränder plastisch bleiben.

**BALTIMORE-RÜSCHENBLUMEN**

**BÄNDCHENBLÄTTER**
Bändchen jeglicher Breite eignen sich, Blätter daraus zu machen. Richten Sie sich nach der Größe der Blüten.

**1.** Schneiden Sie das Band in Stücke von 56 cm Länge. Fädeln Sie einen langen Faden ein; entweder einen starken einzelnen Faden oder einen doppelten Nähfaden, der zur Farbe des Bandes paßt. Verknoten Sie das Fadenende und klappen das Bandende rechtwinklig um.

**2.** Beginnen Sie am umgeklappten Ende des Bandes und nähen eine Zickzacklinie, ungefähr immer alle 2,5 cm einen Richtungswechsel, wobei Sie an den Bandkanten den Faden über die Kante schlingen. Der weiße Faden macht das hier deutlich.

**4.** Jetzt formen Sie den Streifen zur Blume. Ziehen Sie den Faden durch die ersten 3 bis 4 Rüschen und ziehen ihn vorsichtig an.

**1.** Schneiden Sie ein Stück Band ab, das doppelt so lang ist wie breit. Fädeln Sie eine Nadel mit Garn von der Farbe des Bandes ein.

# Noch eine Blume

Aus Spitzenband gearbeitet bekommt so eine Rüschenblume einen völlig anderen Ausdruck (siehe links). Nähen Sie Bändchenblätter und fügen sie zu einer Blüte zusammen.

**3.** Ziehen Sie vorsichtig am Faden, um die Rüsche zu bilden. Versichern Sie sich, daß die Kanten gleichmäßig zusammengezogen sind und vernähen dann den Faden, schneiden ihn aber nicht ab.

**5.** Ziehen Sie den Faden an, so daß die Blütenblätter eine Mitte bilden. Sichern Sie den Faden.

**6.** Wickeln Sie die Rüsche von hinten unter diese Mitte und bilden so die Blüte. Nähen Sie alle Blütenblätter fest, während sie wickeln.

**2.** Falten Sie die beiden Enden des Bandes in der Mitte links auf links zu einem Dreieck. Kräuseln Sie jetzt das Dreieck an der langen Seite zu einem Blatt ein.

**3.** Nähen Sie das Blatt an der Blütenrückseite an und verstecken dabei alle offenen Kanten.

**7.** Die fertige Blüte.

57

# Oberflächen-
# gestaltung

Alles, was eine Quiltoberfläche noch schöner machen kann, ist erlaubt: Stickstiche, Quilten, Perlendekoration, Quasten, Veränderung der Stoffstruktur. Ein Quilt bietet viel Platz und unendliche Möglichkeiten der Dekoration.

Blue Ocean

*25 x 25 in/63 x 63 cm*

Das Material für den Quilt ist blaue Seide, silberner Bauwoll-Lamé und verschiedene silberne Stoffe für die *Crazy*-Rauten. Die auf die Spitze gestellten Mittelquadrate bestehen aus übereinander gelegten Stoffen und ausgeschnittenen Mustern mit Meeresmotiven zwischen Voile und Tüll (1), bestickt und mit Perlen und Pailletten verziert. Das Patchworkmuster *Storm at Sea* ist mit dem Federstich gequiltet (2), frei geführtes Maschinenquilten schmückt die Umrandung (3).

*Galerie*

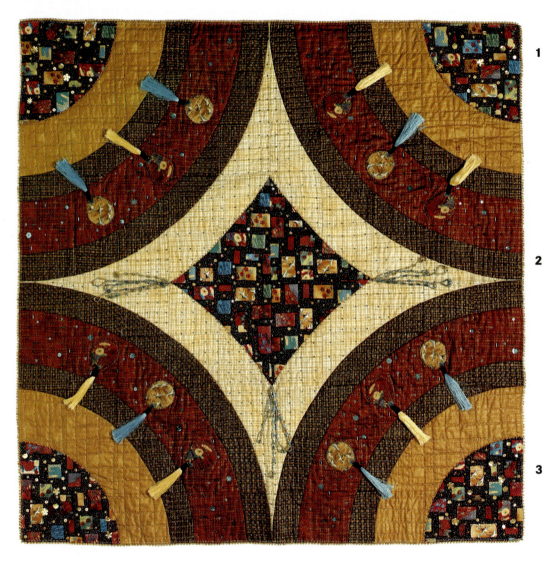

Warding off the Evil Eye
*(Wider den Bösen Blick) 39 x 39 in/99 x 99cm*

Die nach außen drehenden Kreise erwecken den Eindruck eines Auges. Die Assoziation zum Bösen Blick lädt dazu ein, so viel als möglich an Embellishment zu verarbeiten, denn das wehrt traditionell den Bösen Blick ab.
Dies ist ein Originalentwurf, mit der Hand und der Nähmaschine genäht, hand- und maschinengequiltet, Maschinen- und Handapplikationen, bestickt und mit Perlen benäht, sowohl im Zentrum des Quilts als auch in den äußeren Kreisen. Einfache Quasten und Perlenquasten runden das Embellishment ab.

Windows of Opportunity

*(Hier und da ein Fenster) 40 x 56 in / 102 x 142 cm*

Die Fenster in den Stoffstreifen sind mit *Crazy*-Patchwork aus Spitze und anderen Stoffen ausgefüllt (1). Die Hintergrundstreifen sind mit der Maschine gequiltet, mit gestickten und beperlten Blumen (2) geschmückt, die Nähte mit dem Federstich bestickt. Ein weiterer Blickfang sind die Quasten (3, 4).

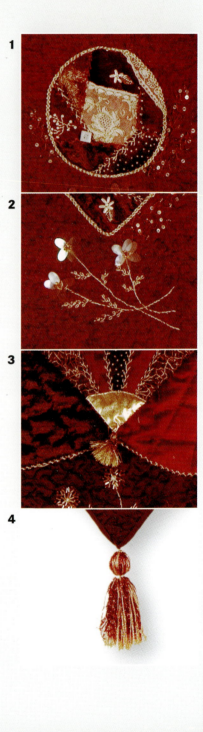

1

2

3

4

_Galerie_

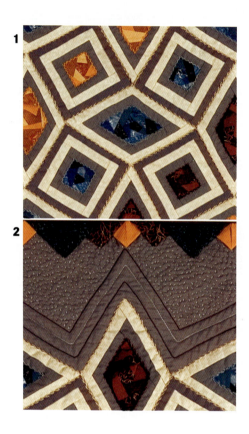

One Step at a Time

_(Immer ein Schritt nach dem anderen) 54 x 54 in / 137 x 137 cm_

_Log Cabin_-Rauten mit _Crazy_-Patchwork in ihrer Mitte (1) wirken wie ein Mosaikpflaster. Die Blöcke sind auf einer Unterlage genäht; obwohl es so wirkt, als gäbe es eine Wellenbewegung, sind es nur gerade Linien. Die Spitzen der Rauten wiederholen sich in den _Prairie Points_ im Rand (2), das Umrißquilting aus Federstichen macht die Konturen der Rauten weicher und schmückt den Quilt (1). Beigefarbene Quiltstiche wie kleine Saatkörner beleben den Stoff des Randes, hellen seinen Farbton auf und geben ihm Struktur (2).

*Quilten in der Naht, Seite 20*

*Einfache Falttechnik, Seite 63*

**DER BLOCK**
Bei diesem originellen, „falschen" Kathedralenfenster bilden gefaltete Stoffquadrate ein Fenster, das mit Lagen aus Baumwolle und Voile ein aufgelegtes Stoffblatt einschließt.

# Falttechnik

Die aufeinandergelegten Stoffe mit dem überdeckten Motiv im „Fenster". Dieses wird gestaltet, wenn die vier Quadrate zusammengenäht werden. Der doppelt gelegte Stoff mit dem überdeckten Motiv wird erst „ins Fenster gelegt", wenn die vier Quadrate mit den aufgelegten Dreiecken zusammengenäht sind. So entsteht das „falsche" Kathedralenfenster-Muster. Wählen Sie ein flaches Motiv aus, das zum Stoff und zum Thema ihres Quilts paßt, und schließen Sie es unter einem Stück Voile ein.

## Den Block gestalten
### Sie brauchen
- Vier 5 in/12,5 cm große Stoffquadrate
- Acht 2¾ in/7 cm große Quadrate in Kontrastfarbe
- Ein 3 in/7,5 cm großes Quadrat für das Fenster
- Ein 3½ in/9 cm großes Quadrat aus Voile
- farblich passenden Nähfaden
- Blatt oder Motiv Ihrer Wahl
- Klebestift

## Stoff
Dieser Block läßt sich am besten aus leichtem Baumwollstoff arbeiten, obwohl Sie auch Seide für die gefalteten Dreiecke verwenden können. Wählen Sie Kontrastfarben für den Hintergrundstoff und die Dreiecke, damit scharfe Konturen entstehen.

## Blocklayout
Verwenden Sie diesen Block als einen „Wiederholungsblock", denn die Dreiecke in den äußeren Ecken können mit den Dreiecken der benachbarten Blöcke neue „Fenster" bilden.

*Falttechnik*

# Embellishment mit der Falttechnik

Ein sommerlicher Quilt gefällt mit Blumen wie Stiefmütterchen oder Glockenblumen, der Westernfan mag wahrscheinlich kleine Hufeisen, und ein leidenschaftlicher Angler freut sich über winzige Plastikfische.

**1.** Falten Sie jedes kleine Quadrat des Kontraststoffs einmal diagonal links auf links zur Hälfte und plätten es.

**2.** Legen Sie eins der gefalteten Dreiecke genau in eine Ecke eines großen Quadrates, jeweils mit der rechten Stoffseite nach oben. Nähen Sie die beiden äußeren Kanten knapp aufeinander. Legen Sie auf die gegenüberliegende Ecke auch ein gefaltetes Dreieck und nähen es knappkantig fest. Verfahren Sie ebenso mit den 3 anderen Quadraten.

**3.** Legen Sie je 2 Quadrate so nebeneinander, daß 2 Dreiecke in der Mitte des Blocks zusammentreffen und sich spiegelbildlich gegenüber liegen. Nähen Sie je 2 Quadrate zusammen.

**4.** Nähen Sie die zwei Quadratpärchen dann so zusammen, daß sich die 4 Dreiecke genau in der Mitte treffen und das „Fenster" bilden können.

**5.** Jetzt haben Sie einen Block mit je einem Dreieck in jeder Ecke und 4 Dreiecken, die sich in der Mitte zum „Fenster" treffen.

**6.** Prüfen Sie die Größe des 3 in/ 7,5 cm Quadrates aus „Fensterstoff" und schneiden es gegebenenfalls auf die tatsächliche Größe des „Fensters" zurück. Fixieren Sie das Einlegemotiv mit etwas Kleber auf dem Fensterstoff.

**7.** Bedecken Sie das Stoffstück und das Motiv mit dem Voile und heften es rundum fest. Schneiden Sie den überstehenden Voile ab.

**8.** Legen Sie jetzt das Quadrat auf das „Fenster" und schneiden es vielleicht noch ein bißchen zurecht. Klappen Sie die offenen Kanten des Dreiecks in einem Bogen über die Kanten des Voiles. Nähen Sie den Bogen mit Blindstich (Seite 49) fest.

**9.** Nähen Sie alle erforderlichen Blöcke zusammen. Quilten Sie um die Mittelmotive herum, um die drei Lagen zu befestigen.

*Federstich mit der Nähmaschine, Seite 34*

*Spitzenmotiv, Seite 66*

*Überdecktechnik, Seite 65*

**DER BLOCK**
Bei diesem *Storm at Sea*-Block wird mit der Falttechnik und der Überdecktechnik gearbeitet (Patches A und B). Für optimale Effekte nehmen Sie Stoffe wie den Glanztüll (Patch C).

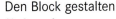

# Überdecktechnik *(Trapping)*

Sie können jedes Embellishment mit einem sehr dünnen Stoff bedecken, solange dieser nicht unter dem Bügeleisen schmilzt. Wollen Sie die Oberfläche zusätzlich besticken, denken Sie daran, daß die Embellishments unter dem Voile stichfest sind und eine Nadel durch sie hindurch kann. Verwenden Sie deshalb am besten Stoffmotive oder Fäden.

### Den Block gestalten
**Sie brauchen**
- Stoff für den Block
- Vorlagen für die Patches A, B und C (Seite 123)
- Dünnen Stoff wie Organza, Chiffon oder Voile
- Glanztüll
- Fixierbares Web
- Garne
- Pailletten
- Bänder
- Spitze

### Darauf sollten Sie achten:
Sie überdecken Fäden, Bänder und Pailletten auf Stoff (Baumwolle oder Seide) mit einer Lage sehr dünnem Material. Diese Methode eignet sich nur für Materialien, die nicht gewaschen werden, da der verklebte Stoff empfindlich ist.

### Plätten
Wenn Sie plätten, überzeugen Sie sich, daß das Eisen nur mäßig heiß ist, und legen Sie sicherheitshalber ein Bügeltuch oder Butterbrotpapier zwischen Stoff und Bügeleisen. So schützen Sie das Eisen vor Kleber und den dünnen Stoff vor dem Schrumpfen oder Schmelzen. Legen Sie auch einen Schutz auf Ihre Bügelunterlage, so daß weder Kleber noch fixierbares Web durch den Stoff auf die Unterlage dringen können.

Überdecktechnik (Trapping)

# Embellishment mit der Überdecktechnik

Die jetzt folgenden Schritte zeigen ihnen, wie Sie die Stoffe vorbereiten, die Sie beim Nähen auf der Unterlage verarbeiten werden. Wenn Sie diesen Block für einen Quilt mehrmals wiederholen, beachten Sie bitte, daß die Dreiecke, die Teil C umgeben, immer aus dem gleichen Stoff sind (hier ist es der dunklere Stoff).

**1.** Schneiden Sie sehr dünnen Stoff für das Mittelquadrat A mit einer großzügigen Nahtzugabe von ½ in/ 1,5 cm zu. Schneiden Sie auch ein Stück fixierbares Web in gleicher Größe zu, legen es mit der klebenden Seite auf die Rückseite des dünnen Stoffes und plätten beide zusammen. Das Trägerpapier nicht entfernen.

**3.** Wenn Ihnen die Anordnung gefällt, ziehen Sie das Trägerpapier vom dünnen Stoff ab und legen ihn mit der klebenden Seite nach unten auf den Grundstoff.

**2.** Schneiden Sie das Stoffstück für das Mittelquadrat A mit einer Nahtzugabe von ½ in/1,5 cm aus. Ordnen Sie alle Dinge, die Sie überdecken möchten auf der rechten Seite des Stoffs an und lassen dabei den Bereich der Nahtzugabe aus. Die Fische, die Sie hier sehen, sind aus großen Pailletten geschnitten.

**4.** Legen Sie ein Bügeltuch auf, wählen eine mäßig heiße Temperatur und plätten die Lagen zusammen.

**5.** Schneiden Sie den überstehenden dünnen Stoff an den Außenkanten zurück, lassen aber die Nahtzugabe von ½ in/1,5 cm stehen.

**6.** Schneiden Sie den Stoff und den Glanztüll für das Mittelquadrat von Teil C zu. Der Glanztüll sollte wenigstens ¼ in/0,6 cm größer sein als das Stoffstück, da Tüll schnell ausfranst. Heften Sie beide Stoffe zusammen oder nähen sie mit Zickzackstich aufeinander. Jetzt sind sie wie ein einziges Stück Stoff zu verarbeiten. Arbeiten Sie 4 Mittelquadrate.

**7.** Schneiden Sie den Stoff für die Rauten von Teil B mit einer Nahtzugabe von ½ in/1,5 cm zu. Schneiden Sie auch ein Stück dünnen Stoffs in gleicher Größe zu. Schneiden Sie Spitzenmotive aus und überdecken sie mit fixierbarem Web, wie bei den Hinweisen für Teil A beschrieben. Machen Sie das viermal.

**8.** Schneiden Sie noch alle Stoffstücke für die übrigen Patches zu, jeweils mit der Nahtzugabe von ½ in/1,5 cm. Nähen Sie alle Teile in richtiger Reihenfolge zum Block zusammen (Seite 16, *Foundation Piecing*).

*Spitze aus einem alten Kragen* | *maschinengestickter Rahmen, Seite 67*

*Motiv aus einem Spitzenband* | *gekauftes Spitzenmotiv*

**DER BLOCK**

Der Block ist um das mittlere Blumenmotiv gestaltet, das mit der Stickmaschine aus Metallgarn gearbeitet ist. Blumen aus einer breiten Spitze geschnitten, kleine maschinengestickte Rosen und Schmetterlinge, Blätter aus einem modernen Spitzendeckchen sowie kleine Guipureblümchen fügen sich harmonisch zusammen.

# Motive aus Spitze

*moderne Spitze Spitzenbändchen*

Spitzenmotive können selbst den einfachsten Block in einen Block voller Eleganz verwandeln. Suchen Sie nach alten Spitzendeckchen und Besätzen an Kleidungsstücken. Es ist immer schade, diese zu zerschneiden, und so sollten Sie versuchen, sie als ganze Stücke zu verarbeiten. Arrangieren Sie die kleinen Prachtstücke aus Spitze und Blumen Ihren künstlerischen Prinzipien folgend.

### Den Block gestalten
**Sie brauchen**
- Stoff für den Block, Vlies, Rückseite
- Spitze
- Fixierstickvlies
- Markierstift
- Garne passend zur Spitze oder unsichtbaren Nähfaden (Monofilament)

## Garne
Arbeiten Sie mit unsichtbarem Nähgarn oder mit einem farblich passenden Faden.

## Spitze
Verwenden Sie Spitze mit klaren Mustern, die leicht ausgeschnitten werden können. Schauen Sie sich nach Guipurespitze um, nach Webspitze und nach Spitze, die mit Pailletten und Perlen bestickt ist.

### Den Block entwerfen
Möchten Sie gerne ein Spitzenmedaillon in der Mitte des Blocks haben, dann planen Sie Ihren Block sehr genau. Denken Sie sorgfältig über die Größe des Blocks und des Musters nach, einschließlich der Größe der Quadrate oder Motive auf den gestalteten Patches. Das ist auf einem Appliqué-Block leichter (wie bei dem oben abgebildeten) als auf einem Patchworkblock. Wählen Sie einen schlichten Stoff, um die Spitze darauf zu applizieren, vorzugsweise in einer kräftigen Farbe, damit sich die Spitze hervorhebt.

*Motive aus Spitze*

# Embellishment mit Motiven aus Spitze

Arbeiten Sie möglichst mit Spitze, die eine fertige Kante hat oder nicht ausfranst. Überlegen Sie, ob Sie die Spitze per Hand oder Nähmaschine direkt auf dem Block befestigen, wenn er schon „gesandwiched" ist und so während des Nähens zugleich gequiltet wird. Wollen Sie einen großen Quilt verschönern, nähen Sie nur durch Top und Vlies. Wie Sie all das machen, wird jetzt erklärt.

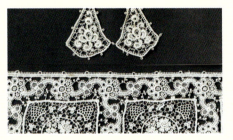

**1.** Suchen Sie ein Stück Spitze von der Größe des geplanten Blocks aus. Achten Sei darauf, daß Sie genügend Einzelteile herausschneiden können.

**3.** Alle gewünschten Motive schneiden Sie bitte ganz präzise aus.

**5.** Nähen Sie die gezeichneten Linien mit der Nähmaschine ab. Sie können das Vlies gleich mitfassen. Jetzt ist der Rahmen fertig, und Sie können ihn mit den Spitzenmotiven dekorieren.

**6.** Nachdem Sie die Spitzenmotive zu einem schönen Muster arrangiert haben, stecken und heften Sie diese fest. Nähen Sie die Teile mit dem Festonstich (siehe unten) oder mit dem Blindstich (Seite 49) an.

**2.** Suchen Sie schöne Motive von der Spitze aus und schneiden sie sorgfältig heraus. Wenn Sie die Motive sehr ordentlich ausschneiden, kann nichts ausfransen. Vielleicht finden Sie sogar quadratische Muster wie im Beispiel.

**4.** Für den Rahmen im vorgestellten Block schneiden Sie ein achteckiges Fenster aus Fixierstickvlies und plätten es auf den Stoff. Mit dem Markierstift ziehen Sie eine Linie um das Fenster und eine weitere Linie im Abstand von ¼ in/0,6 cm nach innen. Ein Lineal hilft dabei.

**FESTONSTICH**

Die gerade Kante des Stichs muß an der äußeren Kante der Spitze liegen. Stechen Sie die Nadel von unten an der Kante zur Oberseite (Punkt 1). Machen Sie einen kleinen Stich durch die Spitze zu Punkt 2, die Nadel kommt dabei hinter der Kante heraus. Der Faden liegt dabei unter der Nadel.

## Noch ein Block

Die Motive in diesem Block wurden aus einer alten Spitze geschnitten, gefunden in einem Trödelladen. Das mittlere Motiv, auch aus alter Spitze, ist aus vier Einzelmotiven zusammengefügt.

Quasten,
Seite 68

**DER BLOCK**
Der Viererblock *Fancy Fan* ist ein ideales Muster, um Quasten als Embellishment einzusetzen. Die Quasten sind aus Sticktwist in den Farben der Fächer gefertigt.

**1.** Wählen Sie das Garn aus. Nur eines oder verschiedene, alles ist möglich.

**2.** Schneiden Sie sich ein Stück Karton in der Länge der Quaste zurecht, die Sie arbeiten möchten. Halten Sie das Ende des Garns an der unteren Kante des Kartons fest, und beginnen Sie, das Garn stramm um den Karton zu wickeln.

# Quasten

Quasten als Dekor bieten die Möglichkeit, einem Quilt den letzten Schliff zu geben und für das Projekt besondere Garne zu verwenden. Quasten am Rand eines Kissens geben ihm einen üppigen Effekt und verhelfen zu dem richtigen Hauch Luxus. Leicht anzufertigen sind sie ohnehin.

## Den Block gestalten

**Sie brauchen**
- Stoff für den Block, Vlies, Rückseite
- Garne
- dünnen Karton

## Garne und Fäden

Eine schlichte Quaste läßt sich aus einem einzigen Garn oder mehreren passenden Garnen anfertigen. Sie brauchen noch ein Garn, um die Quaste zu binden und auch oben zu befestigen (Schritt 11). Dafür eignet sich am besten dünner Faden, der nicht ausfranst und sich weich um die Quaste wickeln läßt. Baumwoll- oder Seidentwist sind eine gute Wahl.

## Der letzte Schliff

Ein bißchen Embellishment kann auch der Quaste nicht schaden: Sticken Sie kleine Perlchen um den „Hals" der Quaste, schieben Sie ihr eine Ringperle über, wenn das Loch in der Perle groß genug ist, daß die Quaste hindurchpaßt. Sie können ihr auch eine Kalotte obenauf setzen, wie es die Juweliere machen.

**3.** Wickeln Sie so lange, bis die gewünschte Dicke der Quaste erreicht ist. Je öfter Sie wickeln, desto dicker wird die Quaste.

68

# Einfache Quaste

Fertigen Sie Ihre eigenen Quasten an, können Sie Garne verarbeiten, die zu Ihren Stoffen passen und die Sie vielleicht schon im Quilt verarbeitet haben.

**4.** Fädeln Sie einen doppelten Faden aus ihren Quastenfäden in die Nadel und verknoten ihn an seinem Ende. Führen Sie die Nadel unter allen Fäden am oberen Ende der Quaste durch.

**6.** Nehmen Sie die Quaste vorsichtig vom Karton ab, legen Sie mit den Fingern eine Fadenschlinge um die Quaste, ungefähr 1 cm unter ihrem Kopf.

**8.** Ziehen Sie den Faden mit einer Abwärtsbewegung stramm an. Sie sehen schon den Quastenkopf.

**11.** Stechen Sie die Nadel nach oben durch. Das Ende des Faden wird benutzt, um die Quaste festzunähen.

**9.** Wickeln Sie möglichst viel von dem Faden um die Quaste.

**12.** Schneiden Sie am unteren Ende der Quaste die Schlingen durch.

**5.** Ziehen Sie die Nadel durch und danach durch die Mitte des doppelten Fadens und ziehen ihn fest. Verstecken Sie den Knoten unter dem Quastenkopf.

**7.** Stechen Sie die Nadel durch die Fadenschlinge.

**10.** Befestigen Sie den Faden, indem Sie ihn mit der Nadel immer hin und her durch die Quaste ziehen.

**13.** Die Quaste ist fertig, wenn Sie die Fadenenden alle auf gleiche Länge geschnitten haben.

Prairie Points, Seite 71

Prairie Point mit festgenähter Spitze

**DER BLOCK**
Der *Gentleman's Fancy*-Block ist aus Dreiecken und Quadraten gestaltet. Gefaltete Dreiecke geben ihm zusätzlich Textur und machen ihn zum Blickfang.

# *Prairie points* (Prärie-Spitzen)

Prairie Points sind meist an den Quilträndern angebracht, dadurch wirken diese größer oder besonders auffallend. Man kann sie an der Außenkante des Quilts anbringen, innerhalb des Bindings oder irgendwo zwischen Nähten als Blickfang. Sie können alle gleich oder verschieden groß sein.

### Den Block gestalten
**Sie brauchen**
- Stoff, Vlies, Rückseite
- Baumwolle oder Seide für die *Prairie Points*

### Stoffe
Wählen Sie Stoffe aus, die leicht in Falten zu plätten sind und bei denen die Brüche „scharf" bleiben wie bei Seide und Baumwolle. Stoffmuster mit Richtung (Streifen, Karos) sind nicht so einfach zu verarbeiten, weil es kompliziert wird, das Muster immer in die gleiche Richtung laufen zu lassen, wenn die Patches gefaltet werden.

### Farben
*Prairie Points* betonen die Gestaltung eines Quilts, wenn man ihre Farbe sorgfältig auswählt. Sie können Farben des Quilts ergänzen, dunklere Bereiche im Quilt aufhellen oder grelle Farben abschwächen.

### Muster-Tips
Für die *Prairie Points* brauchen Sie Stoffquadrate von 3½ in/9 cm Größe. Brauchen Sie eine andere Größe (das Maß der Höhe wird bestimmt von der Breite des Streifens, auf dem die *Prairie Points* angebracht werden), rechnen Sie mit folgender Formel: Höhe des gewünschten Prairie Points x 2 + ½ in/1,5 cm Nahtzugabe = Seitenlänge des Quadrats.

*Prairie Points*

# Embellishment mit Prairie Points

*Prairie Points* können auf zwei verschiedene Arten gefertigt werden, so sehen sie jeweils ein wenig anders aus.

**EINEN PRAIRIE POINT FALTEN
ERSTE METHODE**

**1.** Schneiden Sie für jeden *Prairie Point* ein Stoffquadrat von 3½ in / 9 cm Größe. Falten Sie jedes Quadrat links auf links diagonal zur Hälfte und plätten den Bruch.

**2.** Stecken Sie eine Nadel in die Mitte des Bruchs, knikken die beiden gefalteten Ecken genau zur Mitte und plätten sie sorgsam. Bei allen Quadraten gleich verfahren.

**3.** Sie haben jetzt ein Dreieck mit zwei gefalteten Kanten, die sich in der Mitte treffen, und einer unversäuberten Kante an der Grundlinie. Die rechte Seite ist dort, wo zwei Brüche übereinanderliegen.

**4.** Legen Sie die *Prairie Points* an ihren vorgesehenen Platz, die offenen Kanten aufeinander und die Vorderseite der *Prairie Points* nach oben. Nähen Sie die *Prairie Points* an der unteren Kante an, sie müssen dabei überlappen.

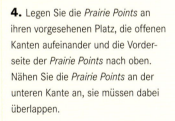

**5.** Ist der Block fertig, nähen Sie noch die Spitzen der *Prairie Points* fest. Stechen Sie dabei bis zur Quiltrückseite durch, damit es wie gequiltet wirkt.

**EINEN PRAIRIE POINT FALTEN
ZWEITE METHODE**

**1.** Schneiden Sie ein 3½ in / 9 cm großes Quadrat, falten es einmal diagonal links auf links zu einem Dreieck und plätten es.

**2.** Falten und plätten Sie das Dreieck noch einmal zur Hälfte. Sie haben jetzt ein Dreieck mit einer Seite im Bruch, einer Seite mit offenen Kanten und einer offenen Seite mit zwei Brüchen. Fertigen Sie, den Schritten 1 und 2 folgend, viele *Prairie Points* an.

**3.** Stecken Sie die *Prairie Points* ineinander, so daß die offenen Kanten mit der offenen Kante des Quilts deckungsgleich liegen. Die Kanten zusammennähen.

71

# Embellishment mit Applikationen

*4*

Mit Applikationen lassen sich bestimmte Bereiche eines Quilts besonders hervorheben. Die applizierten Motive können flach oder plastisch sein, von Hand oder Maschine aufgenäht, aus einem Druckstoff ausgeschnitten oder von Fotos auf Stoff übertragen werden.

**Christmas Eve**
*(Weihnachtsabend)*
*39 x 35 in/ 99 x 89 cm*

Ein Landschaftsquilt, gearbeitet mit einfachem und texturiertem Patchwork. Die Kirche ist von einer Fotografie übertragen, um einen besonderen Effekt zu erzielen (achten Sie auf den goldenen Stoff, der hinter die Fenster genäht ist) (1). Die Bäume im Hintergrund sind aus einem Druckstoff geschnitten (2). Die Poinsettias sind mit fixierbarem Web appliziert und mit der Maschine bestickt (3).

1  2  3

*Galerie*

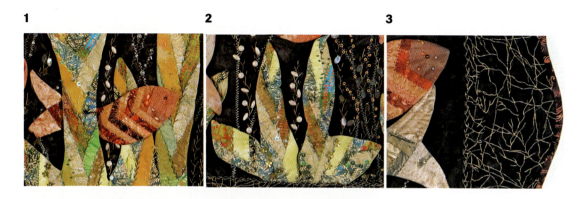

**1  2  3**

Fish and Strips
*(Fische und Streifen)*
*45 x 42 in / 114 x 107 cm*

Der Hintergrund für die Fische und das Seegras in Streifentechnik ist aus einem gerahmten, hand- und maschinenbestickten Panel gefertigt. Fische und Seegras (1, 2) sind jeweils für sich in Streifentechnik auf Einlage gearbeitet, mit Stickerei gequiltet und dann verstürzt, damit sie freistehend weiterbearbeitet werden können. Sie sind beim Aufnähen ein wenig verdreht worden, damit Bewegung in den Quilt kommt. Stickerei mit Federstichen betont die Linie zwischen Rahmen und der Mitte des Quilts.

73

Falling Leaves

*(Fallende Blätter) 28 x 28 in / 71 x 71 cm*

Der Hintergrundstoff dieses Quilts ist ein einziges Stück Stoff, ganz mit großen Blättern bedruckt. Die Umrisse dieser Blätter sind gequiltet und mit kupferfarbenem Metallicgarn betont (1). Dazwischen sind einzelne, aus *Crazy*-Patchwork genähte Blätter appliziert, die für den dekorativen Effekt gerüscht wurden.

*Galerie*

**2** Shoreline
*(Am Strand) 31 x 23 in / 79 x 58 cm*

Ein schlichtes Strandbild in Streifentechnik, doppelt umrandet sowie mit Hand- und Maschinenquilting versehen, Handstickerei (1) und Klebeapplikation aus Fotos (2) runden das Bild ab.

75

*Schattenapplikation, Seite 77*

*Quilting um das applizierte Motiv*

### DER BLOCK

Der *Ocean Wave*-Block zeigt im Mittelquadrat einen Anker in Schattenapplikation. Der traditionelle Grundstoff bei Schattenapplikation ist creme oder weiß, hier ist er marineblau mit einem metallisch goldenen Anker, der ausgesprochen maritim wirkt.

# Schattenapplikation

Ein ausgeschnittenes Motiv wird zwischen zwei Stoffstücken plaziert und dann von Hand oder Maschine um seine Umrisse gequiltet - das ist Schattenapplikation. Der Grundstoff sollte ein festerer Baumwollstoff sein, der darüber gedeckte Stoff ein sehr dünnes Material wie Organza, Voile oder Chiffon. Das fertige Projekt zeigt die Applikation wie einen „Schatten" unter dem fast durchsichtigen Deckstoff.

## Den Block gestalten

**Sie brauchen**
- Stoff für den Block und die Rückseite, Vlies
- sehr dünnen Stoff, der ein wenig größer ist als das Mittelquadrat des Blocks
- Stoff für die Applikation
- fixierbares Web
- Schablone von Seite 120

## Stoffe

Damit das Applikationsmotiv durch den dünnen Deckstoff deutlich sichtbar werden kann, muß der Untergrundstoff entweder viel heller oder viel dunkler als das Motiv sein. Nehmen Sie einen dünnen Stoff, der so durchsichtig wie möglich ist. Dünne Stoffe gibt es aus vielen Materialien, die Farben können sehr wirksam eingesetzt werden, um die Untergrundstoffe und die Applikation zu verändern. Ein silberner oder gold metallischer Organza gibt Glanz, während ein dünner pinkfarbener einen weißen Grundstoff in ein blasses Pink verwandelt.

**SCHATTENAPPLIKATION**
Schattenapplikation verleiht dem Blockmittelpunkt etwas Besonderes.

*Schattenapplikation*

# Embellishment mit Schattenapplikation

Schattenapplikation bietet eine schnelle und einfache Möglichkeit, die Applikation in den Block zu integrieren, ohne offene Kanten umnähen zu müssen. Probieren Sie diese Technik mit anderem Blockmuster und vielleicht einem Blumenmotiv aus.

**1.** Schneiden Sie die Stoffe für das Mittelquadrat: Grundstoff, dünnen Stoff, ein Stück für die Applikation und das fixierbare Web.

**3.** Legen Sie die klebende Seite des fixierbaren Webs auf die Rückseite des Motivstoffs und plätten vorsichtig. Wenn Sie einen empfindlichen Stoff haben, legen Sie ein Tuch zwischen Bügeleisen und Web. Der goldene Stoff, den wir hier verarbeiten, ist auf der Rückseite schwarz.

**5.** Entfernen Sie das Trägerpapier vom Motiv und plazieren den Anker in der Mitte des Grundstoffquadrats.

**7.** Legen Sie den dünnen Stoff über das Motiv und heften ihn mit dünnem Garn fest, dabei das Motiv frei lassen. Nähen Sie den Block mit dem Motivpatch in der Mitte zusammen. Entfernen Sie die Heftfäden.

**2.** Zeichnen Sie mit Bleistift das Ankermotiv auf die Papierseite des Webs.

**4.** Wenn das Material ausgekühlt ist, schneiden Sie das Motiv sorgfältig aus.

**6.** Das Tuch liegt zwischen Bügeleisen und Stoff, wenn Sie das Motiv festplätten.

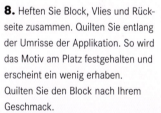

**8.** Heften Sie Block, Vlies und Rückseite zusammen. Quilten Sie entlang der Umrisse der Applikation. So wird das Motiv am Platz festgehalten und erscheint ein wenig erhaben. Quilten Sie den Block nach Ihrem Geschmack.

77

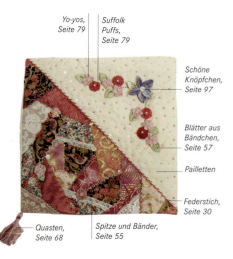

**DER BLOCK**

Applizierte Reliefblümchen verleihen dem *Crazy*-Block viel Charme.

# Applizierte Reliefblüten *(Yo-yos)*

Reliefblumen und Reliefblätter geben dem Quilt immer eine ganz besondere Dimension, egal ob in einem Block, als Rand oder als einzelnes Ornament im Crazy-Block. Reliefblümchen können Sie aus allen Stoffen, in allen Größen und in allen Farben arbeiten, die Ihren Quilt schöner machen und ihm Farbe und Glanz verleihen.

**SCHÖNERE YO-YOS**

Die Stoffblumen können noch mit Perlenstickerei in ihrer Mitte, kleinen Knöpfchen und anderen Embellishments verziert werden.

### Den Block gestalten

**Sie brauchen**
- Patchworkblock, Vlies, Rückseite
- Stoff für die Yo-yos
- Perlen oder kleine Knöpfe

### Stoffauswahl

Für diese Technik werden Stoffkreise eingekräuselt, die als *Suffolk Puffs* oder Yo-yos bekannt wurden. Wählen Sie am besten feine Stoffe und Spitzen aus, die nicht zum Ausfransen neigen. Daß Farben und Texturen die Wirkung Ihres Quilts unterstützen, ist selbstverständlich.

# Embellishment mit applizierten Blumen

Kleine Ungenauigkeiten lassen sich hervorragend von applizierten Blümchen verstecken. Wenn Sie einen verunglückten Nahtschnittpunkt oder eine schiefe Naht zum Verschwinden bringen möchten, dann nähen Sie ein Yo-yo darüber und verschönern gleichzeitig den Quilt.

## SUFFOLK PUFFS

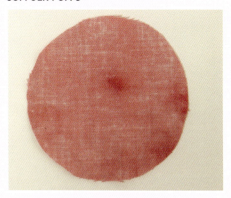

**1.** Schneiden Sie einen Stoffkreis aus, dessen Durchmesser doppelt so groß ist wie der des fertigen Blümchens, plus ½ in / 1,5 cm. Das heißt: für ein 2,5 cm großes Blümchen schneiden Sie einen Kreis von 2½ in / 6,5 cm Durchmesser.

**2.** Schlagen Sie rund um die Außenkante einen winzigen Saum zur linken Stoffseite um und kräuseln ihn mit stärkerem oder doppeltem Faden ein.

**3.** Ziehen Sie den Faden an, um den Stoff einzukräuseln, und sorgen dabei dafür, daß das Loch in der Mitte so klein wie möglich wird. Ziehen Sie den Nähfaden zur Rückseite und vernähen ihn fest. Die rechte Seite des Blümchens ist die eingekräuselte Seite.

**4.** Als Abschluß nähen Sie eine Perle oder kleinen Knopf mitten auf das Yo-yo und ein Bändchenblatt unter die Blüte (Seite 57).

## BLÜTENVARIATION

**1.** Arbeiten Sie ein *Suffolk Puff*, wie in den Schritten 1 bis 3 beschrieben. Teilen Sie das Blümchen jetzt in 5 oder 6 gleiche Segmente. Führen Sie den Nähfaden durch die Mitte des Blümchens und schlingen ihn um die Kante herum wieder nach hinten. Stechen Sie wieder durch die Mitte aus und ziehen den Faden an.

**2.** Wiederholen Sie den Vorgang für das nächste Segment, damit sich ein Blütenblatt bildet. Die übrigen Blütenblätter arbeiten Sie genauso. Sticken Sie eine Perle oder einen Knopf in die Blütenmitte.

## BLÜTE AUS ZWEI STOFFEN

Für das Stiefmütterchen nähen Sie zwei Stoffstreifen zusammen, einen violetten und einen gelben. Schneiden Sie daraus einen Kreis und arbeiten weiter nach Schritt 1 bis 3 für die Suffolk Puffs. Dann folgen Sie der Anleitung für die Blütenvariation, arbeiten aber drei Segmente, zwei schmale und ein breites.

*Einfache Applikation, Seite 81* | *Foundation Piecing, Seite 16*

**DER BLOCK**
Mit einem applizierten schlichten Schmetterlingsmotiv verschönert wirkt der Blumenblock, auf einer Unterlage genäht, gleich viel wertvoller.

# Einfache Applikation

Nutzen Sie die einfache Applikation als Embellishment zu Ihren Patchworkmustern. Die geschwungenen Linien der Applikation machen das streng Geometrische des Patchworks weicher und schmeicheln den Blicken des Betrachters.

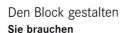

### Den Block gestalten
**Sie brauchen**
- Patchworkblock
- Stoff für die Applikation
- Schablonen (Seite 120)
- Leichte Bügeleinlage
- Stickgarn und Quiltgarn

### Stiche von Hand und Nähmaschine
Diese Stiche eignen sich gut zum Applizieren:
**Blindstich** (Seite 49) für Applikationen von Hand
**Festonstich** (Seite 67) für Hand- oder Maschinenapplikation. Wird gerne bei offenen Kanten und geklebten Motiven eingesetzt.
**Satinstich** (Seite 32) für Hand- und Maschinenapplikation
**Stielstich** (Seite 37) für handgestickte Details wie Blütenstengel und Fühler
**Knötchenstich** (Seite 31) für handgestickte Details wie Blütenstempel, Augen und Fühler

**Wichtig:** Sie dürfen die Applikation während der Vorbereitungsarbeiten nicht plätten!

**1.** Zeichnen Sie die Umrisse der Applikation (für den Schmetterling 2 größere Herzen und ein breites Herz) auf die nicht klebende Seite der Näheinlage. Zeichnen Sie alle Teile, die aus dem gleichen Stoff geschnitten werden sollen, in einer Reihe auf und lassen zwischen den Motiven genügend Platz für die Nahtzugaben.

**2.** Legen Sie die Näheinlage-Streifen mit der klebenden Seite auf die rechte Seite des gewählten Stoffs und nähen entlang der gezeichneten Linie rund um jedes Motiv, entweder von Hand mit Rückstichen (Seite 81)

80

*Einfache Applikation*

## Embellishment mit einfachen Applikationen

Applikationen können von Hand oder mit der Nähmaschine in verschiedenen Techniken aufgenäht werden. Das Schmetterlingsmotiv ist mit einer Mischung aus modernen Methoden (Bügeleinlage) und traditionellen Methoden (Handstiche) gearbeitet.

oder mit kurzen Maschinenstichen. Damit die Oberflügel des Schmetterlings glänzen, ist über dem Grundmaterial ein schimmernder dünner Stoff verarbeitet.

alle Teile auf rechts. Die klebende Seite der Einlage ist jetzt auf der Rückseite. Streichen Sie die Kanten schön glatt nach außen, aber plätten Sie nicht.

**7.** Den Körper des Schmetterlings gestalten Sie mit dem Satinstich (Seite 32) von Hand oder mit der Nähmaschine. Ihre Nähmaschine sollte den Zickzackstich stufenlos verbreitern können. Beginnen Sie mit der schmalsten Einstellung, verbreitern sie kontinuierlich bis zur Mitte des Körpers und werden dann zum Ende des Körpers wieder schmaler.

**8.** Zum Schluß sticken Sie mit Stielstich (Seite 37) die beiden Fühler, denen Sie mit dem Knötchenstich (Seite 31) einen Punkt obenauf setzen.

**3.** Schneiden Sie alle Motive mit einer sehr schmalen Nahtzugabe aus. Klipsen Sie die Nahtzugaben an den runden Kanten bis zur Naht rechtwinklig zu ihr ein.
**Achtung:** Nicht in die Naht schneiden!

**5.** Arrangieren Sie die Teile wie in der Abbildung zu einem hübschen Motiv. Plätten Sie es mit einem mäßig warmen Eisen, vielleicht sogar unter einem Bügeltuch, damit der dünne Stoff nicht am Bügeleisen klebt. Die Rückseite des Motivs haftet nun fest auf dem Patchworkblock.

## Der Rückstich

Der Rückstich ist bei allen Applikationen und Patchworkarbeiten praktisch.

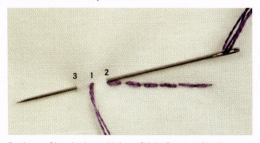

**4.** Schneiden Sie auf der Rückseite einen kleinen Schlitz in die Mitte der Einlage, gerade groß genug, um den Stoff hindurch zu ziehen. Wenden Sie

**6.** Nähen Sie das Motiv von Hand oder Maschine mit dem Blindstich (Seite 49) fest.

Beginnen Sie mit einem kleinen Stich. Stechen Sie die Nadel bei Punkt 1 aus dem Stoff, machen einen kleinen Stich zurück zu Punkt 2, wieder in den Stoff hinein und stechen bei Punkt 3 wieder zur Oberfläche. Die Stichlänge von 1 zu 2 sollte mit der von 2 zu 3 gleich sein. Wiederholen Sie diese Schritte für die ganze Naht und achten auf eine möglichst gleiche Stichlänge.

81

*Satinstich mit der Nähmaschine*

**DER BLOCK**

Cremefarbene breite Streifen auf der einen und gemusterte schmale Streifen auf der anderen Seite bilden den *Log Cabin*-Block, der in der *Foundation*-Technik gearbeitet ist. Die cremefarbenen Hälften kommen in der Mitte des Blocks zusammen, auf die dann die Persische Stickerei appliziert ist.

*Kurven-Log Cabin aus breiten und schmalen Streifen*

*Kranz aus Persischer Stickerei (Seite 83)*

# Persische Stickerei (Broderie Perse)

Broderie Perse ist eine Art der Applikation, wobei Motive aus einem Druckstoff ausgeschnitten, neu arrangiert und auf einen Untergrundstoff appliziert werden. Dazu verarbeitet man gern Blumen und Blätter. Die Motive können aus nur einem einzigen Stoff oder aus mehreren verschiedenen geschnitten und neu zusammengestellt werden.

## Den Block gestalten

**Sie brauchen**
- Patchworkblock, Vlies, Rückseite
- Stoff mit Blumen und Blattmotiven
- Fixierbares Web
- Garne, die zu den Stoffen passen
- kleine Perlen

### Traditionelles Appliqué

Bei der traditionellen Arbeitsweise werden die Motive für die Persische Stickerei zuzüglich einer Nahtzugabe aus dem Stoff ausgeschnitten, die dann während des Applizierens auf den Trägerstoff untergeschlagen wird. Wenn Sie mit dieser Technik arbeiten möchten, geben Sie ¼ in/0,6 cm Nahtzugabe zu und applizieren das Motiv mit der *Needle Turn*-Technik. Die Nahtzugabe wird während des Nähens fortlaufend mit der Nadel nach innen umgelegt und mit Blindstich (Seite 49) festgenäht.

### Klebeapplikation

Bei der Klebeapplikation, die hier gezeigt ist, bügelt man fixierbares Web auf die Rückseite des Blumenstoffs, bevor die Motive ausgeschnitten werden. Man gibt rund um das Motiv eine winzige Nahtzugabe hinzu, schneidet aus, plaziert das Motiv, plättet es fest und umstickt die Kanten mit der Maschine oder von Hand. Dafür eignen sich besonders der Zickzackstich, der Satinstich und der Festonstich. Sticken Sie mit dem Festonstich (Seite 67), dem Kettenstich (Seite 37) oder dem Plattstich (Seite 32).

Falls Sie Stoff applizieren, der nicht zum Ausfransen neigt, arbeiten Sie mit dem Festonstich oder Zickzackstich. Sind Ihre Stoffe fein und neigen zum Ausfransen, nehmen Sie einen Stich, der die Stoffkante vollständig bedeckt. Hier haben wir den Satinstich gearbeitet.

### Quilt As You Go

Nähen und Quilten gleichzeitig ist eine praktische Technik, um die Arbeit zu stabilisieren, Falten zu vermeiden, *Broderie Perse* zu quilten und die Kanten durch die Vlieslage zu besticken. Nähen Sie noch Perlen auf und verbinden damit Patchwork, Vlies und Rückseite.

*Persische Stickerei*

# Embellishment mit Broderie Perse

Die Farben der Motive aus zwei verschiedenen Druckstoffen passen wunderschön zu den Farben des Patchworkblocks. Der Block bekommt den letzten Schliff durch kleine aufgenähte Perlen am Ende langer Stiche in der Blütenmitte.

**1.** Wählen Sie die schönsten Motive aus Ihren Stoffen. Liegen die Motive auf dem Druckstoff weit auseinander, schneiden Sie diese mit einer großzügigen Nahtzugabe rundum aus.

**3.** Schneiden Sie die Motive mit einer winzigen Nahtzugabe von 0,3 cm rundum aus.

**6.** Legen Sie den Block und das Vlies übereinander und sticken von Hand oder mit der Maschine um die Außenkanten des Motivs.

**2.** Plätten Sie fixierbares Web auf die Rückseite der Stoffmotive. Lassen Sie das Material danach auskühlen.

**4.** Entfernen Sie das Trägerpapier des fixierbaren Webs.

**5.** Plazieren Sie das Motiv auf die gewünschte Stelle des Blocks. Plätten Sie es sorgfältig fest.

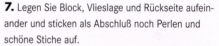

**7.** Legen Sie Block, Vlieslage und Rückseite aufeinander und sticken als Abschluß noch Perlen und schöne Stiche auf.

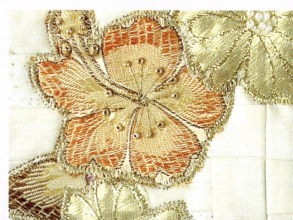

# Schönes aus der Schatzkiste

Die Quilts in dieser Galerie sind mit verschiedenen Embellishments verziert, damit das Design noch deutlicher betont erscheint. Die dekorativen Elemente sind alt oder neu, Knöpfe, Perlen, Pailletten, Shisha-Spiegelchen, Charms und Muscheln.

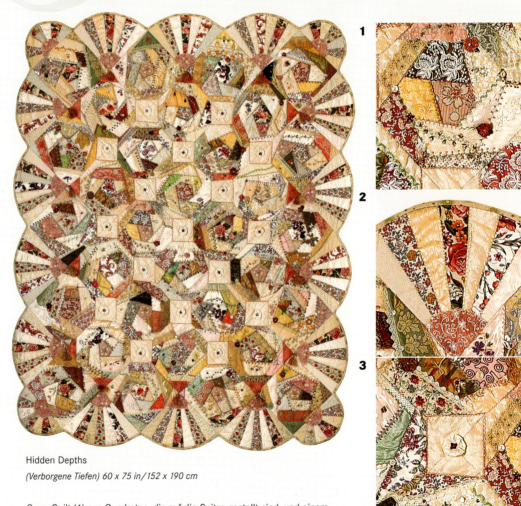

**Hidden Depths**
*(Verborgene Tiefen) 60 x 75 in/152 x 190 cm*

*Crazy*-Quilt (1) aus Quadraten, die auf die Spitze gestellt sind, und einem Fächerrand (2). Genäht aus vielen verschiedenen Stoffen, Seide, Baumwolle, Spitze. Die Farben sind blasses Pink, Grün und Creme, die Embellishments Stickerei, Perlen, Knöpfe, Pailletten und applizierte Blumen (3).

*Galerie*

Time and Tide
*(Zeit und Gezeiten) 34 x 45 in/86 x 114 cm*

Moderner *Crazy*-Quilt. Die Stoffe zeigen die wechselnden Farben von Meer und Sand, dekorative Handstickerei (1), *Prairie Points* (2), Pailletten, Perlen (3) und Muscheln (4) setzen weitere Glanzpunkte.

85

A Stich in Time
*(Ein Stich zur rechten Zeit)*
24 x 24 in/61 x 61 cm

Ein Miniaturquilt bringt die Schönheit alter und moderner Spitze zur Geltung, auch kann man auf ihm eine ganze Palette von Embellishments präsentieren: alte Knöpfe und Schnallen, Charms (1) und winzige Spitzenmotive. Die Mitte des Quilts, in Streifentechnik genäht, liefert genügend Textur, so daß eine Garnspule darauf gut zur Geltung kommt (2).

**1**

**2**

*Galerie*

Postcards of Home
*(Postkarten von zu Hause)*
*38 x 50 in / 96 x 127 cm*

Kleine Bilder von Strand und Meer bilden die Mittelstücke eines *Double-Wedding-Ring*-Musters. Der Quilt ist in Streifentechnik genäht, gestickte und gequiltete Details (1, 2) geben ihm reliefartige Strukturen. Der Stoff mit dem Muscheldruck hat wattierte Bereiche, zusätzlich sind Muscheln aufgenäht (3).

87

*Perlenblumen, Seite 90*

*Fliegenstich mit Perlen, Seiten 89 und 90*

*Fuchsie, Seite 90*

*Perlenblätter, Seite 9*

### DER BLOCK
Dieser Block mit dem sechszackigen Stern ist reich mit Perlen verziert. Nähen Sie das Muster entweder in der traditionellen englischen Methode „über Papier" von Hand oder mit der Nähmaschine und Schablonen aus *Freezer Paper*. Dabei müssen Sie nur die Außenkanten des Sterns von Hand aufnähen.

# Kleine Perlen *(Seed Beads)*

Perlchen geben Ihren Patchwork-Blocks Farbe, Glanz und sind attraktive Details. Perlen gibt es in vielen Größen, Farben und Formen, sie schmücken Stickstiche, machen aus einem Stoff etwas ganz Besonderes und lassen sich zu eigenständigen Motiven gestalten.

### Den Block gestalten
**Sie brauchen**
- Patchworkblock, Vlies, Rückseite
- Passende Garne oder unsichtbaren Nähfaden
- Kleine Perlen, längliche Perlmuttperlen, Stäbchen.

### Stoffe
Für dieses Blockmuster sind gesprenkelte und marmorierte Stoffe ideal, denn Stickerei und Perlenarbeiten wirken darauf sehr klar. Perlenstickereien sind die „Stars der Show", deshalb ist es wichtig, daß sie nicht von kräftigen Stoffmustern überwältigt werden.

### Garne
Auch die Garne sollen zu den verwendeten Stoffen passen. Für die Stickerei dieses Blocks haben wir jeweils zweifädigen Stickzwist und zweifädiges Metallgarn benutzt.

Wenn Sie die Perlen aufsticken, machen Sie das entweder mit Monofilament oder mit einem Polyestergarn, das farblich zu den Perlen paßt. Sie können auch ein Metallgarn von bester Qualität nehmen, wenn kein farblich passendes Garn vorhanden ist. Metallgarne sind aber leider nicht allzu kräftig und langlebig.

### Perlen
Alle Perlen, mit denen Sie Stickstiche verschönern und Motive auf den Patchwork-Block sticken, müssen waschfest und farbecht sein. Die Farben der Perlen sollten fein auf die des Stoffs abgestimmt sein. Hier haben wir verwendet: kleine Perlen aus Glas, klare und undurchsichtige, Süßwasserperlen für die Blumen und beim Fliegenstich, längliche und metallische Perlen für die Blumen auf den Rauten.

## Kleine Perlen

# Patchwork noch schöner machen

Der Block ist gequiltet und mit Handstickerei und Perlen verziert. Die Stickerei quiltet gleichzeitig den Block, wenn sie als „Sandwich" durch alle drei Lagen, ausgeführt ist.

### Sticken mit Perlen

Perlen können entweder durch die beiden oberen Lagen des Quilts aufgestickt werden, also durch den Block und das Vlies, oder durch alle drei Lagen inklusive der Rückseite, so dienen sie gleichzeitig als Quilting. Falls Sie durch alle drei Lagen sticken, achten Sie darauf, daß es nicht unsauber aussieht und alle Anfangsknoten sorgfältig ins Vlies „ploppen". Bestimmte Stiche sollten deshalb auch nur durch die beiden oberen Lagen gestickt sein.

**PERLENSTICKEREI**
Kleine Perlen geben der Stickerei Glanz.

### FLIEGENSTICH
Dieser Stickstich wird vertikal von oben nach unten gearbeitet. Sticken Sie ihn mitten auf den Nähten der Rauten.

**1.** Stechen Sie die Nadel von hinten nach vorne durch den Stoff und bei Punkt 1 aus. Ziehen Sie den Faden durch und stechen bei Punkt 2 wieder in den Stoff.

**2.** Stechen Sie an Punkt 3 zurück zur Vorderseite, genau mittig zwischen 1 und Punkt 2. Legen Sie dabei den Faden unter die Nadel.

**3.** Ziehen Sie die Nadel durch und stechen sie nach einem kurzen, senkrecht nach unten gerichteten Stich bei 4 wieder zur Rückseite. Das ist ein einzelner Fliegenstich, der für die Vögel am Himmel benutzt wurde.

**4.** Stechen Sie die Nadel bei Punkt 5, etwas unterhalb von Punkt 1, wieder zur Vorderseite.

**5.** Wiederholen Sie die Schritte 1 bis 3 für den zweiten Stich.

**6.** Sticken Sie immer so weiter, bis Sie das Ende der Reihe erreicht haben.

89

EMBELLISHMENTS AUS DER SCHATZKISTE

**EINZELNE PERLEN AUFSTICKEN**
Denken Sie daran, eine sehr feine Nadel und starken Faden zu benutzen, wenn Sie die Perlen aufnähen.

**1.** Stechen Sie die Nadel zur Stoffoberseite, dort wo die Perle aufgestickt werden soll, „ploppen" Sie den Knoten ins Vlies und nehmen eine Perle auf die Nadel.

**2.** Stechen Sie die Nadel zurück zwischen Oberstoff und Vlies und bringen sie am Punkt für die nächste Perle wieder nach oben. Wenn zwischen den Perlen eine längere Strecke liegt, machen Sie einen Rückstich, bevor Sie zum nächsten Ausstichpunkt gehen.

**EINE BLÜTE AUS PERLEN**
Achten Sie darauf, daß der Stich, mit dem Sie die Perle aufnähen, lang genug ist, wenn Sie die Nadel in den Stoff zurückstechen. Die Perle liegt sonst nicht schön flach.

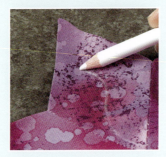

**1.** Zeichnen Sie die Umrisse der Blüte freihändig mit Bleistift oder Schneiderkreide auf den Stoff.

**2.** Sticken Sie den Blütenstengel mit dem Stielstich (Seite 37).

**3.** Arbeiten Sie mit der gleichen Technik wie beim Aufsticken einer einzelnen Perle und sticken die Perlmutterperlen sternförmig auf. Der Ausstich ist immer im Zentrum des Sterns.

**4.** Nähen Sie in der Mitte der Sternblüte noch eine einzelne Perle auf.

**5.** Die fertige Blüte.

**DIE FUCHSIENBLÜTE STICKEN**
Die Perlenschlingen, die die Blütenblätter und die Blätter bilden, sind wie Margeritenstiche gestickt (Seite 31), aber es wird nicht mit Stickgarn gearbeitet, sondern mit aufgefädelten Perlen.

**1.** Markieren Sie eine Linie für den Blütenstengel auf dem Stoff.

**2.** Sticken Sie die Linien mit dem Stielstich.

**3.** Arbeiten Sie die Blüte aus drei Schlingen, die mittlere Schlinge zuerst. Stechen Sie die Nadel von der Rückseite bei Punkt 1 aus dem Stoff und nehmen 12 Perlen auf.

*Kleine Perlen*

**4.** Stechen Sie die Nadel neben Punkt 1 zurück in den Stoff, bei Punkt 2 wieder heraus, nehmen dabei den Perlenfaden mit jeweils der gleichen Anzahl Perlen auf jeder Seite unter die Nadel.

**5.** Machen Sie einen kleinen Stich über den Faden bei Punkt 3. Stechen Sie wieder zur Rückseite und kommen mit ihr neben Punkt 1 wieder zur Oberseite. Das mittlere Blütenblatt ist fertig.

**6.** Wiederholen Sie den Arbeitsvorgang für zwei weitere Blütenblätter, jeweils im leichten Winkel neben dem mittleren. Stechen Sie die Nadel zurück zur Spitze zwischen der mittleren und der rechten Schlinge, fädeln ein Stäbchen und eine Perle auf und stechen wieder zur Rückseite. Zwischen dem mittleren und dem linken Blatt machen Sie das genauso. Vernähen Sie den Faden auf der Rückseite.

**7.** Sticken Sie die Blätter in der gleichen Technik wie die Blütenschlingen, fädeln aber nur 6 Perlen auf.

### SCHNELLES PATCHWORK MIT FIXIERSTICKVLIES

Probieren Sie diese Technik aus, um den sechszackigen Stern schneller und einfacher zu nähen.

**1.** Schneiden Sie die Fixierstickvlies-Schablonen für die Rauten zu und plätten sie auf die linke Stoffseite. Schneiden Sie die Stoffstücke mit ¼ in/0,75 cm Nahtzugabe zu.

**2.** Nähen Sie jeweils drei Rauten zusammen und achten dabei sorgfältig darauf, daß die Nahtzugaben genau übereinander liegen. Nähen Sie von Hand oder mit der Nähmaschine.

**Wichtig:** Nähen Sie nur bis zum Ende des Stickvlieses (in Richtung der Außenkante des Sterns).

**3.** Legen Sie das Zentrum und die äußeren Ecken paßgenau übereinander und nähen die beiden Hälften zum Stern zusammen.

**4.** Heften Sie die äußeren Nahtzugaben über das Fixierstickvlies und nähen den Stern mit Blindstich (Seite 46) auf das Stoffquadrat. Entfernen Sie das Trägerpapier während dieser Arbeit.

*Shisha mit Perlenstickerei (Seite 93)*

*Einfache Shisha (Seite 93)*

*Falsche Shishastickerei*

**DER BLOCK**

Gedruckte Kreise auf Stoff fordern geradezu, daß man für diesen modernen Block die *Shisha*-Technik und genähte Kurven verwendet. Verschieden große Spiegelchen sind mit verschiedenen Embellishment-Techniken appliziert. Zusätzlich ist das Patchwork selbst noch mit Stickerei und gesticktem Quilting verziert.

# Spiegelscherben (Shisha)

Die traditionelle Shisha-Technik, bei der kleine Spiegelchen aus Glas verarbeitet sind, kann für jede Art des Embellishments in Quiltarbeiten eingesetzt werden, von Kissen über Quilts bis hin zu Taschen und Jacken. Shisha ist eine seit Jahrhunderten beliebte Stickerei in der Volkskunst Asiens, Indiens und Rußlands. Sehr geschätzt ist Shisha auch in der traditionellen englischen Reliefstickerei.

## Den Block gestalten

**Sie brauchen**
- Patchworkblock, Rückseite, Vlies
- *Shisha*-Spiegelchen
- Festen Faden zum Annähen der Spiegel

## Spiegel

Kreisförmige und Spiegelchen in anderen geometrischen Formen können Sie in Stoffgeschäften oder Bastelläden kaufen. Es gibt sie in verschiedenen Größen. Inzwischen gibt es auch Plastikspiegelchen im Handel, die bereits vorgestickt sind.

## Garne

Verwenden Sie recht feste Garne zum Aufsticken der Spiegel. Baumwolle, Seidenperlgarn oder dreifädiger Sticktwist sind genau richtig.

## Die Arbeit mit Spiegeln

*Shisha*-Spiegel sind gewöhnlich aus Glas geschnitten. Deshalb sollten Sie darauf achten, daß Sie sich nicht an den scharfen Kanten verletzen oder das Glas splittert und bricht.

Um die Spiegelchen zu befestigen, müssen sie rundum mit einem gestickten Rahmen versehen sein. Benutzen Sie dafür den Festonstich (Seite 67), den Knopflochstich (Seite 95) oder einen verdrehten Knopflochstich. Wenn der *Shisha*-Spiegel erst einmal fest an seinem Platz sitzt, können Sie ihn mit Stickstichen oder Perlen noch schöner machen.

*Spiegelscherben*

# Embellishment mit Shisha-Spiegeln

*Shisha*-Spiegel geben dem Design Glanz und setzen Blickpunkte. Sie machen sich besonders gut auf Quilts, die ähnliche Stoffmuster aufweisen wie die Spiegelformen (meistens Kreise oder andere geometrische Formen).

**1.** Legen Sie das Spiegelchen auf den Stoff. Wenn es schwierig ist, den Spiegel am Platz zu halten, geben Sie ein wenig PVA-Kleber dahinter und lassen ihn abbinden, bevor Sie mit Nähen beginnen. Fädeln Sie zum Stoff passendes Garn in die Nadel. Stechen Sie die Nadel von der Rückseite aus zu Punkt 1 und bei Punkt 2 wieder zurück.

**2.** Stechen Sie die Nadel bei Punkt 3 wieder nach oben und bei 4 zur Rückseite.

**3.** Arbeiten Sie immer so weiter, bis Sie vier Fadengitter – zwei vertikal und zwei horizontal über den Spiegel gespannt haben. Denken Sie daran, den letzten Faden unter dem ersten hindurch zu führen.

**4.** Wiederholen Sie die Schritte 1 bis 3 rund um den Spiegel, so daß Sie ein zweites Gitter diagonal über dem ersten gestickt haben. So ist das Gerüst für die nächste Stickerei gebildet. Sticken Sie mit dem Festonstich, dem Knopflochstich oder dem verdrehten Knopflochstich, die alle gleich gut geeignet sind.

**5.** Stechen Sie die Nadel von der Rückseite aus an der Kante des Spiegels zur Vorderseite. Ziehen Sie den Arbeitsfaden über einen Gitterfaden und stechen die Nadel unter und zurück über einen Gitterfaden und den Arbeitsfaden. Ziehen Sie den Faden durch.

**6.** Stechen Sie die Nadel an der Kante des Spiegels zurück in den Stoff und machen einen kleinen Rückstich, wobei der Faden unter der Nadel liegen muß.

**7.** Wiederholen Sie die Schritte 5 und 6, bis Sie um den Spiegel herum genäht haben.

**8.** Schmücken Sie die *Shishas* noch mit Perlen oder zusätzlichen Stickereien.

## Noch ein Quilt

Die Spiegelchen nehmen die runde Form der applizierten Motive dieses Quilts wieder auf.

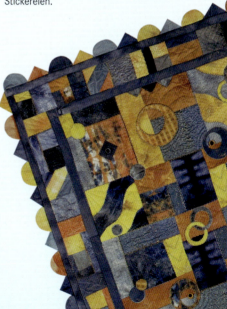

Knöpfe als Embellishment, Seiten 97 und 99

Schmuck-Spule

Schmuck-Nähmaschine

**DER BLOCK**

Der kleine *Crazy*-Block besteht aus Stoffen, die mit Nähutensilien, Stickzubehör, kleinen Schmuckanhängern und hübscher Stickerei verziert sind.

# Schmuckanhänger (Charms)

Charms sind kleine Anhänger aus Metall, versilbert, aus reinem Silber, Gold, Messing, Glas, Keramik oder Plastik. Natürlich sind nicht nur Charms verwendbar, die extra für das Embellishment gemacht wurden, sondern auch Teile von ausrangiertem Schmuck und Flohmarktsachen sind für diesen Zweck wunderbar geeignet sind.

### Den Block gestalten
**Sie brauchen**
- Patchworkblock, Vlies, Rückseite
- Charms, Modeschmuck
- Schmales Band

### Die Charms befestigen

Patchworkgeschäfte, Handarbeitsläden und Perlenhandlungen bieten Charms für den Quiltbedarf an. Es gibt sie in vielen Ausführungen auch als kleinen Zierrat für Stickereien. Ein Schmetterling oder eine kleine Hummel „schwebt" über gestickten Blüten, viele kleine Muschelanhänger machen die Strandszene lebendig und attraktiv. Beachten Sie, daß nicht alle Schmuckstücke waschfest sind.

### Charms

Viele Geschäfte bieten die kleinen Anhänger in verschiedenen Ausführungen speziell für Patchwork an. Man kann einen Schmetterling oder eine Hummel über gestickte Blüten schwirren lassen, oder mit einer Handvoll Muscheln eine gestickte Strandszene beleben. Nicht alle Charms sind waschfest!

94

*Schmuckanhänger*

# Embellishment mit Charms

So wie jedes andere Embellishment sollten die kleinen Anhänger gut zum Stil Ihres Quilts passen und ihn interessant machen. Suchen Sie dafür Stellen aus, die optimal geeignet sind.

## UMNÄHEN

Umnähen ist die einfachste Art, einen Anhänger auf dem Quilt zu befestigen.

**1.** Stechen Sie die Nadel bei Punkt 1 von der Rückseite aus durch den Stoff und kommen durch das Loch des Anhängers zur Vorderseite heraus. Stechen Sie die Nadel bei 1 wieder zurück in den Stoff, der Faden liegt dabei über der Metallschlinge.

**2.** Stechen Sie die Nadel durch das Loch des Anhängers zurück zur Vorderseite, halten den Faden nach links und wiederholen die Stiche, bis der Anhänger festgenäht ist. Vernähen Sie den Faden.

## KNOPFLOCHSTICH

Ein stabiler Stich, der sich gut zum Befestigen metallener Charms eignet, die nach längerer Zeit den Faden aufreiben könnten.

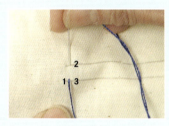

**1.** Stechen Sie die Nadel von der Rückseite bei Punkt 1 aus, bei 2 wieder in den Stoff und bei Punkt 3 zurück nach oben. Stellen Sie sicher, daß der Faden dabei von links nach rechts unter der Nadel liegt.

**2.** Stechen Sie die Nadel bei Punkt 4 (neben 2) wieder in den Stoff, zurück bei Punkt 5, wieder mit dem Faden von links nach rechts unter der Nadel. Wiederholen Sie die Schritte.

## Kleine Ausstellung

Wir zeigen Ihnen hier nur einen kleinen Ausschnitt der Charms, die Sie kaufen und sammeln können.

**3.** Wenn Sie einen Anhänger befestigen, machen Sie das mit geraden Stichen um die Öse des Charms herum. Stechen Sie die Nadel von der Rückseite her aus der Öse aus (1), hinter der Öse bei 2 zurück in den Stoff und wieder heraus durch die Öse bei Punkt 3. Der Faden liegt dabei von links nach rechts unter der Nadel.

## CHARMS MIT BÄNDCHEN FESTNÄHEN.

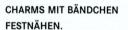

Befestigen Sie die Charms doch einmal mit schmalen Bändchen. Dazu nähen Sie die kleine Schleife fest, damit sie sich nach dem Binden nicht wieder auflöst und der Anhänger verloren geht. Auch mit kleinen Perlen lassen sich die Schleifen dekorieren und gleichzeitig festnähen. Hinweise zum Annähen von Knöpfen mit Perlen finden Sie auf Seite 99.

**1.** Schneiden Sie 25 cm von einem ca. 4 mm schmalen Bändchen aus Seide oder Synthetik ab und fädeln es ein. Stechen Sie die Nadel bei Punkt 1 von vorne durch den Stoff, und ziehen das Bändchen zur Hälfte zur Rückseite. Stechen Sie bei Punkt 2 die Nadel wieder zur Vorderseite und dann durch die Öse des Anhängers.

**2.** Ziehen Sie die Nadel ab und schlingen einen Weberknoten: rechtes Band über linkes Band, festziehen, dann linkes Band über rechtes Band und festziehen. Darüber eine Schleife binden.

*Holzknopf* | *Plastikknopf*

*Keramikperle* | *Metallknopf*

**DER BLOCK**

Dieser Block, der auf einer Unterlage genäht ist, ist speziell für eine kleine Sammlung von Knöpfen entworfen. Sie bestehen aus Keramik, Holz, Metall und Plastik und sind zu einem Bild arrangiert, das wunderbar altmodisch und romantisch aussieht.

# Motivknöpfe

Knöpfe gibt es in allen Formen und Größen, von einfachen runden aus Plastik, Holz, Keramik oder Perlmutt bis hin zu hübschen figürlichen Knöpfchen, die wie Blüten oder Vogelhäuschen geformt sind.

## Den Block gestalten
**Sie brauchen**
- Patchworkblock, Vlies und Rückseite
- Knöpfe
- Stickgarne

## Knöpfe
Schöne Knöpfe gibt es in Patchworkgeschäften, auf Kunsthandwerkermärkten oder direkt beim Hersteller. Eine gute Fundgrube für interessante Verschlüsse bietet abgelegte Kleidung.

## Garne
Die Knöpfe nähen Sie am besten mit farblich passendem Garn auf, damit man es möglichst nicht sieht, oder benutzen Sie dekorative Fäden, die so ein zusätzliches schmückendes Element bieten.

Motivknöpfe

# Embellishment mit Motivknöpfen

Eine schöne Auswahl von Motivknöpfen gibt Ihrem Patchworkblock einen heiteren Touch. Nähen Sie die Knöpfe durch Oberseite, Vlies und Rückseite auf, so daß sie die drei Lagen gleichzeitig zusammenhalten.

### GESCHMÜCKT MIT KNÖPFEN

Suchen Sie Knöpfchen zum Thema Garten und arrangieren sie so auf dem Block, daß eine kleine Gartenszene entsteht. Natürlich darf es auch jedes andere Thema sein. Nähen Sie die Knöpfe mit unsichtbarem oder passendem Garn auf.

**3.** Sticken Sie wenigstens drei Reihen Federstiche, die sich nahe der Grundlinie treffen.

### KNÖPFE MIT SCHNUR AUFNÄHEN

Als zusätzliches dekoratives Detail für einen geknoteten Quilt befestigen Sie die Knöpfe mit einer gedrehten Schnur.

Wenn Sie den Knopf aufnähen, lassen Sie 12,5 cm vom Faden auf der Oberseite stehen. Nachdem der Knopf gesichert ist, führen Sie den Faden zur Oberseite der Arbeit, ziehen die Nadel raus und verschlingen die Fäden zu einem Weberknoten in der Mitte zwischen den beiden Knopflöchern.

### GESTICKTES BLATTWERK

Führen Sie das Blattwerk in frei gesticktem Federstich aus. Anders als beim traditionellen Federstich (Seite 30), bei dem alle Stiche von gleicher Länge sein sollen, dürfen sie beim frei gestalteten Federstich durchaus unregelmäßig sein.

**4.** Wenn die Stickerei fertig ist, nähen Sie die Blattknöpfe auf.

**1.** Beginnen Sie beim Blattwerk mit kleinen frei gestalteten Federstichen, sticken von oben nach unten und lassen dabei die Stiche immer größer werden.

**2.** Arbeiten Sie die Stiche von einer Seite zur anderen, genau wie beim traditionellen Federstich.

## Variante

Ganz traditionell ist der Block aus einer Blüte in Klebeapplikation gestaltet und mit Feder- und Festonstichen befestigt. Die Blütenmitten bilden mit Perlen versehene Knöpfe, darüber ein Bienchen aus einem Knopfpäckchen.

*Quadratischer Perlmuttknopf* — *Perlen einer alten Halskette* — *Alte Hemdenknöpfe*

### DER BLOCK
Ein schlichter kleiner „Dresdner Teller", der auf der Spitze steht. Der traditionelle Block ist geschmückt mit modernen Perlmuttknöpfen in verschiedenen Formen und Größen und mit Perlen aus einer alten zerrissenen Halskette.

# Antike Knöpfe und Perlen

Alte Kostbarkeiten sind auf jeden Fall etwas Besonderes. Sie können einen sentimentalen Wert haben, wie Großmutters alte Halskette, oder einen Sammlerwert wie antike Knöpfe. Die sind ganz besondere Zugaben, die einfach gezeigt werden müssen, damit sich die Stoffe und das Blockdesign mit den Knöpfen und Perlen zu einem reizvollen Ganzen verbinden.

### Den Block gestalten
**Sie brauchen**
- Patchworkblock, Vlies, Rückseite
- Antike Knöpfe und Perlen
- Kleine Perlen

### Knöpfe und Perlen
Es gibt nicht nur eine Quelle für diese besonderen Schätze: Fragen Sie in der Familie und bei Freunden, stöbern Sie in Antiquitätenläden und auf Flohmärkten, Patchworkmessen oder in Fachgeschäften. Wenn Sie Embellishments lieben, werden Ihnen überall Kleinigkeiten ins Auge springen und zu einer stetig wachsenden Sammlung beitragen.

### Knöpfe und Perlen anbringen
Befestigen Sie die Knöpfe durch Oberseite, Vlies und Rückseite des Blocks. Nähen Sie kleine runde Perlen und Knöpfe zu Blumen mit einer Perle in der Mitte zusammen. Ein großer runder Knopf, umkränzt mit Perlen ist ein aparter Blickfang in der Mitte des Blocks.

Antike Knöpfe und Perlen

# Embellishment mit antiken Knöpfen und Perlen

Alte Knöpfe und Perlen können eine wunderschöne Bereicherung für Patchworkblocks sein, als Einzelstück, zu ungewöhnlichen Motiven zusammengesetzt oder als pfiffiges Detail.

**KNÖPFE MIT KLEINEN PERLEN ANNÄHEN**

**1.** Stechen Sie die Nadel von der Rückseite zur Vorderseite des Stoffs, dann durch eines der Löcher im Knopf.

**2.** Nehmen Sie mit der Nadelspitze eine kleine Perle auf, die größer sein muß als das Loch im Knopf. Die Perle darf von gleicher Farbe sein wie der Knopf, schön ist aber auch eine Kontrastfarbe.

**3.** Stechen Sie die Nadel zurück in das Loch im Knopf, durch das Sie gerade ausgestochen haben. Die kleine Perle bedeckt jetzt das Loch im Knopf.

**4.** Stechen Sie die Nadel wieder durch ein anderes Loch zur Vorderseite, nehmen eine Perle auf und wiederholen Schritt 3. Das gleiche machen Sie bei den anderen zwei Löchern.

**5.** Der fertige Knopf

**BLUMEN AUS KNÖPFEN KREIEREN**

**1.** Nehmen Sie kleine, flache Knöpfe von gleicher Größe, wie diese 7 aus Perlmutt.

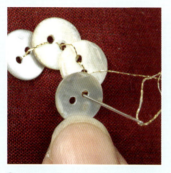

**2.** Nähen Sie einen Knopf auf dem Stoff fest und stechen die Nadel von der Rückseite aus dem Loch aus, das dem zweiten Knopf am nächsten liegt. Legen Sie den zweiten Knopf in Position, ein wenig über dem ersten und stechen die Nadel durch eines der Löcher. In der Abbildung ist das schon dreimal geschehen.

**3.** Stechen Sie die Nadel durch das gleiche Loch wieder zurück und dann durch das zweite Loch im nächsten Knopf. Stechen Sie wieder durch das gleiche Loch aus, bereit für den nächsten Knopf. Legen Sie den nächsten Knopf in Position, wieder ein wenig über dem vorherigen und stechen durch das erste Loch des neuen Knopfes (der fünfte Knopf auf dem Foto).

**4.** Wiederholen Sie diese Schritte, bis alle Knöpfe aufgenäht sind. Sie wissen sicher, daß eine ungerade Anzahl am schönsten wirkt. Stechen Sie jetzt noch die Nadel in der Mitte der Blüte aus und nähen eine große Perle fest. Eine Zuchtperle paßt am besten zu den Perlmuttknöpfen.

**5.** Die fertige Blume

99

*Treibholz* | *Halbedelsteine*

*Muscheln* | *Plastiknetz*

**DER BLOCK**

Die kleine Strandszene ist in der *Foundation*-Technik gearbeitet. Die kleinen Details sind appliziert, gestickt, auch kleine Sammelstücke sind vorhanden.

# Sammelsurium

Kleine Alltagsdinge eignen sich hervorragend als Embellishment, zum Beispiel Stückchen vom Treibholz, Federn oder Seidenblumen. Sogar die bunten Netze, in denen Obst oder Gemüse verpackt sind, können Ihren Quilt enorm verschönern.

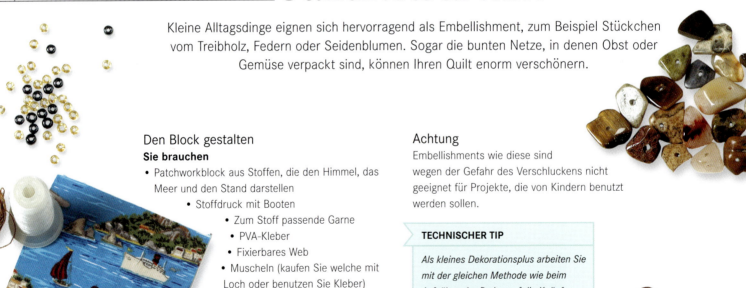

### Den Block gestalten
**Sie brauchen**
- Patchworkblock aus Stoffen, die den Himmel, das Meer und den Stand darstellen
- Stoffdruck mit Booten
- Zum Stoff passende Garne
- PVA-Kleber
- Fixierbares Web
- Muscheln (kaufen Sie welche mit Loch oder benutzen Sie Kleber)
- Holzstückchen (Borke, Treibholz, Zweiglein)
- Kieselsteinchen oder kleine Halbedelsteine mit Loch
- Kleine Perlen
- Plastiknetz

### Achtung
Embellishments wie diese sind wegen der Gefahr des Verschluckens nicht geeignet für Projekte, die von Kindern benutzt werden sollen.

> **TECHNISCHER TIP**
>
> *Als kleines Dekorationsplus arbeiten Sie mit der gleichen Methode wie beim Aufnähen der Perlen auf die Knöpfe (Seite 99), wenn Sie die Steine auf dem Block befestigen.*

# Embellishment mit gefundenen Objekten

Beachten Sie, daß diese ungewöhnlichen Embellishments meist nicht waschfest sind und sich deshalb eher für Wandquilts und Bilder eignen.

**1.** Applizieren Sie alle Details wie die kleinen Boote mit fixierbarem Web auf den gepatchten Block. Legen Sie Top, Vlies und Rückseite übereinander und heften alles zusammen.

**3.** Besticken Sie die Sanddünen im unteren Bildbereich mit frei geführten Motiven im Federstich (Seite 97). (Das können Sie auch tun, nachdem die Embellishments aufgenäht sind.)

**5.** Brechen Sie für die Wellenbrecher vorsichtig kleine Stückchen vom Treibholz, der Borke oder kleinen Zweigen ab. Nehmen Sie die Fotos als Vorlage und kleben die Holzstückchen fest, die längsten Wellenbrecher im Vordergrund.

**7.** Nähen Sie das Netz an seinen Platz entlang der Wellenbrecher.

**8.** Geben Sie etwas PVA-Kleber auf die Rückseite der Muscheln und Kieselsteine und lassen ihn etwas abbinden, bevor Sie die Objekte aufkleben.

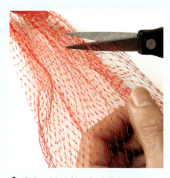

**6.** Schneiden Sie ein Stück vom Netzmaterial und knüllen es zusammen. Dies hier war eine Orangenverpackung aus Plastik, die nicht ausfranst.

**4.** Sticken Sie kleine Perlen auf den Strand, um groben Kies darzustellen, aber nicht dort, wo später die Wellenbrecher aufgebracht werden (orientieren Sie sich am Foto des Blocks). Sticken Sie noch winzige Muscheln und größere Steinchen auf.

**2.** Quilten Sie Wellenlinien mit farblich passendem Faden auf Meer, Himmel und Strand.

**9.** Zum Schluß kleben Sie noch größere Muscheln in einer unteren Ecke des Blocks auf, so daß es aussieht, als würden sie aus dem Bild fallen. Lassen Sie den Kleber trocknen, bevor Sie den Block weiter verarbeiten.

# Embellishment mit künstlerischen Techniken

Künstlerische Quilts sind wie dafür geschaffen für eine variantenreiche und ungewöhnliche Kollektion von Embellishment-Techniken. Sie bieten großen Raum für freie Gestaltung und Experimente. Reichern Sie Ihr Quiltdesign mit Computerprints an, mit Bildern und Drucken, bringen Sie Folien auf, verändern die Oberflächenstruktur und malen mit Textilfarben.

**Beachcombing**
*(Strandgut sammeln)*
40 x 62 in / 102 x 157 cm

Dieser Quilt aus *Foundation*-Technik mit starker Struktur (1) ist bestickt mit Perlen, verschönert mit Treibholz, getrocknetem Seegras, Fotodruck und kleinen Muscheln (2). Die handgefärbten Stoffe erinnern an die Meereslandlandschaft im englischen North Norfolk.

1

2

*Galerie*

Autumn Bridges
*(Brücken im Herbst) 39 x 18 in/99 x 46 cm*

*Wholecloth*-Quilt (Quilt aus einem Stück Stoff), teegefärbt und mit der Maschine gequiltet. Die Fotografie eines einzelnen Brückenbogens ist mit Sepia koloriert, vergrößert und dann auf Seide und Baumwolle gedruckt (1). Die applizierten Stoffstreifen aus Baumwolle, Seide und Organza erinnern an die Wasserströmung (1), die gefärbte Rohseide ist mehrmals gekocht und von Hand appliziert, was an herbstliche Verwehungen erinnert (2).

Floodline *(Flutlinie) 39 x 22 in / 99 x 56 cm*

Streifen aus Baumwoll- und Seidensatin (1) sind auf handgefärbten Baumwollsatin appliziert und stellen dort das nach herbstlichen Fluten ordentlich angelandete Treibholz dar. Die Stickerei mit schwarzen Perlen (2) betont das Maschinenquilting mit sehr langen und sehr kurzen Stichen, das Muster schlängelt sich von oben nach unten über den Quilt. Weidenblätter (3), auch mit der Maschine gequiltet, rahmen den oberen Teil des Quilts ein.

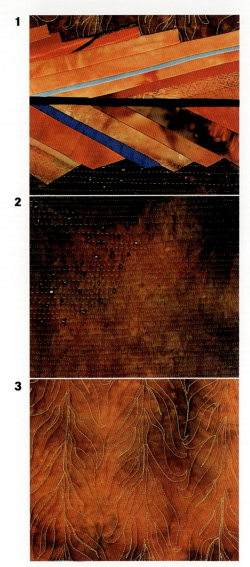

*Galerie*

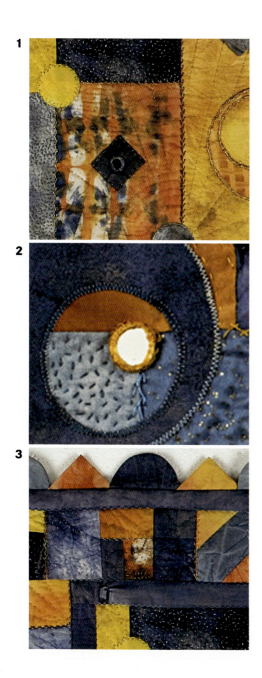

Sparkling Symmetry
*(Glänzende Symmetrie) 35 x 45 in/98 x 114 cm*

Der Großteil der Stoffe für diesen Quilt ist mit Stoffarben koloriert (1). Einige der Blocks sind mit Stoffen gestaltet, auf denen glitzernde Teile aufgeklebt und mit Voile überdeckt wurden. Auf das Patchwork sind applizierte Kreise geklebt, anschließend bestickt, gequiltet und mit Spiegelchen (2) verziert. Eine Auswahl von Stichen und Garnen bietet zusätzliche Vielfalt. Die Halbkreise und Dreiecke um den Rand des Quilts sind echte Hingucker (3).

*Goldfolie* | *Kupferfolie*

*Handquilting Seite 20*

**DER BLOCK**
Spezialfolie kann entweder mit fixierbarem Web oder mit Kleber appliziert werden und schmückt den Quilt auf ganz besondere Weise, so wie bei diesem *Pumpkin Seed* (Kürbiskern)-Muster. Ein Blickfang ist das Quilting aus verschiedenen Garnen und Stichen.

# Folien

Mit Folien können Sie Ihrem Projekt Spezialeffekte verleihen. Suchen Sie nach Bereichen Ihrer Arbeit, die sich gut mit Folie „vergolden" lassen. Sie kann besondere Stellen im Entwurf hervorheben, einem schlichten Muster Leuchtpunkte setzen oder dem fertigen Projekt einen Hauch von Glamour verleihen.

### Den Block gestalten
**Sie brauchen**
- Stoff für den Block, Vlies und Rückseite
- Garne
- Einen weichen Bleistift
- Metallfolie in Gold und Kupfer
- Fixierbares Web oder flexiblen Kleber – je nachdem, was der Folienhersteller empfiehlt
- Dünne goldene Perlenschnur
- Bügeltuch
- Quiltschablone

### Folien
Kaufen Sie diese spezielle Ware im Versandhandel oder auf Handarbeits- und Patchworkmessen. Es gibt sie in verschiedenen Metallfarben, einige sogar mit besonderen Effekten. Obwohl sie bei niedrigen Temperaturen waschfest sind, ist es nicht ratsam, sie bei Arbeiten zu verwenden, die oft gewaschen werden müssen. Die idealen Projekte mit Folien sind also Wandquilts und Taschen.

### Folien verarbeiten
Richten Sie sich dabei nach den Hinweisen des Herstellers. Er empfiehlt Ihnen je nach Ware entweder fixierbares Web aufzubügeln oder einen flexiblen Kleber zu nehmen, der nach dem Trocknen unsichtbar bleibt.

Mit Folien zu arbeiten setzt ein wenig Übung voraus, weshalb Sie erst einmal auf Reststoffen applizieren sollten, bevor Sie sich an das echte Projekt heranwagen.

Seien Sie vorsichtig, wenn Sie fixierbares Web und Folie applizieren; die Produkte werden beim Plätten sehr heiß.

*Folien*

# Embellishment mit Folie

Denken Sie bitte daran, daß dieses etwas ungewöhnliche Embellishment nur für Projekte geeignet ist, die wenig bis gar nicht gewaschen werden, also für Wandquilts oder Taschen.

**1.** Zeichnen Sie mit weichem Bleistift das Quiltmuster auf ein 10 in/25 cm großes Stoffquadrat. Das fertig bearbeitete Quadrat kann auf 9½ in/ 24 cm heruntergeschnitten werden, denn die größere Größe kompensiert ein Ausfransen des Materials während der Bearbeitung. Benutzen Sie ruhig eine Quiltschablone, achten aber darauf, daß sie mittig auf dem Stoff liegt. Zeichnen Sie nicht mit einem Stift, dessen Farbe nach dem Bügeln auf dem Stoff bleibt.

**2.** Empfiehlt der Hersteller Ihrer Folie die Verwendung von fixierbarem Web, zeichnen Sie die Umrisse der Motive, die sie „vergolden" wollen, auf dessen Rückseite und schneiden sie aus. Falls der Hersteller Kleber zur Verarbeitung empfiehlt, folgen Sie seinen Anweisungen statt der hier vorgestellten Schritte 2 bis 8.

**3.** Plazieren Sie die zugeschnittenen Teile an passender Stelle auf dem Stoff und plätten sie mit einem warmen Bügeleisen fest, ohne das Trägerpapier entfernt zu haben.

**4.** Lösen Sie jetzt das Trägerpapier von dem Teil aus fixierbarem Web, worauf die Folie zuerst aufgebracht werden soll, lassen aber das Trägerpapier bei den anderen Teilen noch drauf. Wenn das Bügeleisen auf einen bereits mit Folie oder fixierbarem Web applizierten Bereich aufgesetzt wird, können sich die Materialien durch die Hitze des Bügeleisens wieder lösen.

**5.** Schneiden Sie ein Stück Folie aus, das etwas größer als die zu bedeckende Fläche ist. Hier wurde für einen Teil des Mittelquadrats Kupferfolie benutzt und Goldfolie im übrigen Muster. Legen Sie die Folie mit der metallischen Seite nach oben auf das fixierbare Web.

**6.** Legen Sie ein Bügeltuch über die Folie und plätten mit mittlerer Temperatur, bis die Folie auf dem Web hält. Auskühlen lassen. Wiederholen Sie die Schritte 4 bis 6 für die anderen Teile, die „vergoldet" werden sollen, aber ziehen Sie immer nur das Trägerpapier von dem Teil ab, das Sie bearbeiten wollen. Versichern Sie sich, daß die Bereiche, die bereits mit Folie versehen sind, nicht mit der Wärme des Eisens in Berührung kommen.

**7.** Nachdem die Folie abgekühlt ist, ziehen Sie sie vorsichtig ab. Beachten Sie bitte, die Folie nicht zu früh abzuziehen, damit die Metallauflage nicht mit abgelöst wird.

**8.** Die metallische Seite der Folie haftet jetzt auf der Oberfläche des Stoffs, die durchsichtige Trägerfolie löst sich ab.

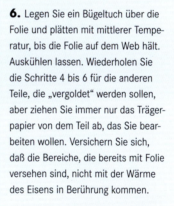

**9.** Wenn die Folie an den gewünschten Stellen des Designs aufgebracht ist, legen Sie Stoff, Vlies und Rückseite zum „Sandwich" übereinander und beginnen mit dem Quilten. Bei diesem Muster ist Kettenstich (Seite 37) um das Mittelquadrat gestickt und Perlenlitze in Anlegetechnik um dessen Außenkanten. Die rundlichen vergoldeten Motive sind an ihren Umrissen im Kettenstich gequiltet, die übrigen Linien mit dem klassischen Quiltstich. Der Vorstich um die Mitte ist mit Schlingstichen aus Metallgarn umstochen, um den Effekt der Folie wieder aufzunehmen.

107

*Frei geführter Federstich, Seite 97*

*Foundation Piecing, Seite 16*

**DER BLOCK**

Der schlichte Block mit dem Strandhäuschen ist auf einer Unterlage genäht und hat eine Umrandung mit Briefecken. Appliziert sind auf Spezialstoff gedruckte Fotos von Muscheln und einem kleinen Hund, was den Block noch attraktiver macht.

*Fotos von Muscheln*

*Foto eines Pekinesen*

# Erinnerungsfotos

Der Quilt als Erinnerung an ein besonderes Ereignis ist bei vielen Menschen beliebt, denn Fotos lassen sich darin wunderschön integrieren. Drucken Sie Fotos auf Stoff, und verwenden Sie das Motiv für die Blockmitte oder kleben Sie Abbildungen aus der Natur (Bäume, Blumen, Muscheln, Vögel) wie eine Applikation auf den Quilt.

## Den Block gestalten

**Sie brauchen**

- Patchworkblock, Vlies, Rückseite
- Garne
- Druckvorlagen (Bilder)
- Spezialstoff zum Bedrucken
- Fixierbares Web

## Bilder auf Stoff drucken

Wenn Sie einen Multifunktionsdrucker besitzen, der direkt vom Computer aus fotokopiert, scannt und druckt, können Sie eigene Zeichnungen, Fotos oder copyrightfreie Bilder verwenden. Das bedeutet, daß sie sowohl mit digitalen Bildern als auch mit Fotos und Kunstwerken arbeiten können. Die Bilder werden entweder direkt auf den Stoff fotokopiert oder in den Computer gescannt und dann auf den Stoff gedruckt.

Wenn Sie drucken, arbeiten Sie mit guten Tintenpatronen und nehmen die bestmögliche Einstellung des Druckers. Eventuell müssen Sie ein paar Experimente machen, um die besten Ergebnisse auf Ihrem Stoff zu erzielen.

*Erinnerungsfotos*

## Stoff

Quiltläden oder Spezialgeschäfte führen Stoffe, die Sie bedrucken können. Das Material hat ein Trägerpapier, das nach dem Druck entfernt wird. Als Alternative können Sie auch den Stoff mit einem Spezialmittel behandeln. Wenn Sie nur wenige Bilder übertragen möchten, ist die Methode mit dem kaschierten Stoff die beste. Es gibt Blätter, die mit verschiedenen Stoffen kaschiert sind, Baumwolle, Leinen oder Seide. Kaufen Sie ein waschfestes Produkt, wenn es Ihr Projekt erfordert.

## Der beste Druck

Machen Sie am besten zuerst einen Probedruck auf normalem Papier, um sicher zu sein, daß das Bild in Farbe und Größe Ihren Wünschen entspricht. Als nächstes legen Sie das Material in die Papierführung; welche Seite nach vorn gehört, hängt davon ab, wie ihr Drucker das Papier durchzieht. Drucken Sie gleich vom Computer aus, oder fotokopieren Sie die Vorlage, um sie auf dem Stoff zu reproduzieren.
Sie können ein paar Bilder auf einer einzigen Vorlage kombinieren, und dann erst kopieren, um das Spezialmaterial vollständig auszunutzen.
Stellen Sie den Druck fertig, so wie der Hersteller es empfiehlt. Das bedeutet in der Regel eine Bügelfixierung.

> **TIP**
>
> Nutzen Sie Details aus Landschaftsaufnahmen oder Fotos vom Meer als Embellishment. Das applizierte Bild eines Blumenbeets oder einer Steinmauer gibt einer häuslichen Szene Wärme.

## *Embellishment mit Fotografien*

Setzen Sie Fotografien von Menschen, Haustieren, Landschaften, Strandszenen oder besonderen Dingen in diesem Block ein. Später können sie noch mit Stickerei oder Quilting betont werden.

**1.** Bereiten Sie den „Druckerstoff" nach den Hinweisen des Herstellers vor. Drucken Sie die Bilder auf den Stoff (siehe Spalte links), fixieren den Druck gemäß der Anweisungen des Herstellers und entfernen das Trägerpapier. Bringen Sie ein Stück fixierbares Web auf der Rückseite des Stoffs an und schneiden die gewünschten Motive aus. Lösen Sie das Trägerpapier des Webs.

**2.** Arrangieren Sie die bedruckten Stoffstücke auf dem Block und plätten die gewählten Bilder mit warmem Bügeleisen auf den Hintergrundstoff. Legen Sie den Sandwich aus Block, Vlies und Rückseite zusammen und quilten das Bild nach Ihren Wünschen.

**3.** Nähen Sie mit Zickzackstich um die aufgeklebten Fotos herum. Ein unsichtbarer Faden oder farblich zu den Bildern passendes Garn ist dafür am besten geeignet.

**4.** Besticken Sie den Strandhafer auf den Sanddünen mit dem frei geführten Federstich (Seite 97) und fügen weitere Details hinzu.

**5.** Stickerei hebt das fotografierte Motiv besonders hervor.

109

*aufgeklebte Herzform, Seite 121*

*Plusterfarbe überdeckt die offenen Kanten, Seite 111*

### DER BLOCK
Dieser Appliqué-Block zeigt sehr schön die Verwendung von Plusterfarbe. Die offenen Kanten des Motivs sind mit goldener Farbe nachgezogen, der Block ist neben der Außenkante der Farbe von Hand gequiltet.

# Plusterfarben

Plusterfarbe ist eine kleberartige Substanz, die farbig auftrocknet und Glitzerpartikel erscheinen läßt. Sie wird ähnlich wie eine Tortenverzierung auf den Stoff gebracht; man kann jeden Block mit Kringeln, Buchstaben oder Punkten verschönern, da man die Farbe ähnlich wie mit einem Stift aufträgt.

## Den Block gestalten
**Sie brauchen**
- Fixierbares Web
- Stoff für das Grundquadrat und die Herzform
- Herzschablone (Seite 121)
- Goldfarbene Plusterfarbe
- Vlies und Rückseitenstoff

## Plusterfarben
Der Handel bietet Plusterfarbe verschiedener Fabrikate an, die jeweils etwas andere Techniken der Anwendung erfordern. Lesen Sie deswegen unbedingt die Verarbeitungshinweise des Herstellers.

## Musterdetails
Ein einfaches, aber doch filigranes Herzmuster. Die kleinen Herzen sind die ausgeschnittenen Mitten der großen Herzen.

*Experimente zum Farbauftrag*

*Plusterfarben*

# Embellishment mit Plusterfarben

Plusterfarbe bietet eine schnelle und phantasievolle Art, die Oberfläche Ihres Quilts zu verschönern. Besonders Wandquilts, Taschen und künstlerische Arbeiten wirken so noch aufregender.

**1.** Zeichnen Sie das filigrane Herzmuster viermal auf das fixierbare Web. Legen Sie es dann auf die Rückseite des Stoffs für die Herzen und plätten es fest. Lassen Sie es auskühlen.

**2.** Schneiden Sie die Herzen auf den inneren und äußeren Rändern aus und entfernen das Trägerpapier.

**3.** Schneiden Sie ein 9½ in/24 cm großes Stoffquadrat zu, falten es zweimal zur Hälfte und noch einmal diagonal. Bügeln Sie die Brüche ein. Jetzt haben Sie 8 Linien zur Positionierung. Legen Sie jetzt die Herzen wie in der Abbildung auf die rechte Stoffseite und orientieren sich dabei an den gebügelten Linien.

**4.** Plätten Sie die Herzen auf.

**5.** Legen Sie den Block zum Auskühlen auf eine feste flache Unterlage. Schütteln Sie die Flasche oder Tube mit der Farbe und drücken soviel davon auf einem Stoffrest heraus, bis sie in einer gleichmäßigen Linie verläuft. Tragen Sie die Farbe in einer gleichmäßigen Linie auf die Konturen der Herzen auf. Das erfordert ein wenig Übung, also machen Sie zuerst Tests auf einem Stoffrest.

**6.** Lassen Sie die Farbe trocknen. Sie sieht zunächst etwas milchig aus, wird aber mit der Zeit immer klarer, und die Goldsplitter zeigen sich darin.

**7.** Legen Sie Block, Vlies und Rückseite übereinander. Quilten Sie entweder innerhalb oder außerhalb der Linie aus Plusterfarbe.

111

*einfacher Federstich, Seite 30*
*Knötchenstich, Seite 31*
*Transfer Stifte, Seite 113*
*Kettenstich, Seite 37*

**DER BLOCK**
Dieser schlichte quadratische Block eignet sich sehr gut für gequiltetes oder appliziertes Embellishment. Die Mohnblume in der Mitte des Blocks ist mit Stoffmalstiften gedruckt.

# Stoffmalstifte

Stoffmalstifte sehen aus wie Wachskreiden, und sie werden auch fast genauso verwendet. Es gibt sie in vielen Farben, die sich sogar abdunkeln und mischen lassen. Wer sie zum Drucken benutzen möchte, malt ein Bild auf Papier und überträgt es mit dem Bügeleisen auf den Stoff. Das Bild erscheint dann seitenverkehrt.

### Den Block gestalten
**Sie brauchen**
- Stoff für den Block, Vlies und Rückseite
- Mohnblumenschablone, S. 121
- Transferpapier (Butterbrotpapier oder dünnes Kopierpapier)
- Bügeltuch
- Stoffmalstifte

### Stoffmalstifte
Der Handel bietet Stoffmalstifte verschiedener Fabrikate an, die jeweils etwas andere Eigenschaften haben. Die einen sind besser für Stoffe mit einem Synthetikanteil geeignet, zum Beispiel Polycotton, andere zeigen auf fast jedem Stoff gute Ergebnisse. Deshalb ist es wichtig, die Hinweise der Hersteller zu befolgen, um optimale Resultate zu erzielen.

### So arbeiten Sie mit Stoffmalstiften
Kolorieren Sie zuerst die Vorlage mit den Stoffmalstiften auf Papier. Übertragen Sie dann das Bild mit einem mäßig heißen Bügeleisen auf den Stoff. Danach den Stoff noch einmal gründlich plätten, um die Farbe zu fixieren. Mit einer Wäsche können Sie die Farbfestigkeit prüfen, sie macht den Stoff auch weicher. Befolgen Sie immer die Verarbeitungshinweise auf der Packung.
Ein Bügeltuch unter den Stoff gelegt verhindert, daß das Bild auf die Bügelunterlage durchschlägt. Legen Sie ein zweites Bügeltuch über das Transferpapier, um das Eisen zu schützen. Legen Sie den Stoff zwischen zwei Blätter sauberes Papier, wenn Sie die Farbe fixieren.

## Den Block quilten

Arbeiten Sie die Stickerei durch alle drei Lagen des Blocks – Top, Vlies und Rückseite – oder nur durch die beiden oberen Lagen.

## Zeichnung oder Frottage anfertigen

Zeichnen Sie ihre eigene Vorlage oder fertigen Sie eine Frottage an, zum Beispiel von geprägten Holzmodeln.
Erstellen Sie eine eigene Vorlage, indem Sie die Konturen des Motivs, das Sie kolorieren möchten, auf Papier nachzeichnen. Wenn Sie das Motiv nicht seitenverkehrt darstellen möchten, kolorieren Sie es auf der Rückseite der Zeichnung. Umfahren Sie die Formen in einem dunkleren Ton der Farbe, die Sie gewählt haben – hier ist die Mohnblume in Dunkelrot konturiert –, dann kolorieren Sie in einem helleren Farbton. Kolorieren Sie die helleren Teile zuerst; füllen Sie die hellroten Blätter des Mohns zuerst, zum Schluß die schwarzen Details in der Mitte.
Für die Anfertigung der Frottage befestigen Sie das Papier über dem Model und reiben mit dem Stift darüber hin und her, bis der Farbauftrag gleichmäßig ist. Schneiden Sie das Motiv zum Übertragen aus und entfernen alle kleinen Farbreste, damit sie beim Bügeln nicht mit auf das Muster geraten.

# Embellishment mit Stoffmalstiften

Probieren Sie Ihre Stifte auf einem Stoffrest aus, um den Effekt zu sehen, bevor Sie auf dem Originalstoff arbeiten.

**1.** Zeichnen Sie das Motiv mit Bleistift auf Transferpapier.

**2.** Zeichnen Sie die Motivkonturen mit dem Transferstift und füllen die Fläche nach Wunsch aus. Malen Sie die hellen Bereiche zuerst aus, danach die dunkleren. Entfernen Sie alle Farbflusen.

**3.** Legen Sie das Stück Stoff für das Mittelquadrat mit der rechten Seite nach oben auf die Bügelunterlage. Legen Sie die kolorierte Zeichnung mit der rechten Seite nach unten auf den Stoff und befestigen ihn mit Stecknadeln oder Klebeband. Legen Sie ein Tuch oder ein Stück Papier darüber, um Ihr Bügeleisen zu schützen. Stellen Sie das Bügeleisen auf eine Temperatur ein, die dem Stoff entspricht und übertragen das Motiv. Achten Sie auf die Stecknadeln oder das Klebeband. Normalerweise müssen Sie das Bügeleisen eine Minute lang aufdrücken, aber lesen Sie vorher noch einmal in der Gebrauchsanweisung nach.

**4.** Heben Sie das Papier zur Kontrolle vorsichtig an einer Ecke an. Ist das Bild nicht vollständig übertragen, plätten Sie es noch einmal.

**5.** Entfernen Sie das Transferpapier. Legen Sie den Stoff zwischen zwei Stücke Papier und plätten, um überschüssige Farbe zu entfernen und das Bild zu fixieren. Waschen Sie den Block in warmem Wasser und prüfen dabei, ob er farbecht ist.

**6.** Verarbeiten Sie den Stoff zum Patchwork und legen dann Block, Vlies und Rückseite übereinander, quilten Sie und fügen dann Details hinzu, wie Kettenstiche (Seite 37) rund um die Blumen und Blätter. Sticken Sie mit langen Stichen die Staubgefäße und setzen einen Knötchenstich (Seite 31) an ihre Spitzen. Sticken Sie mit Federstich (Seite 30) über die Nähte des Quadrats.

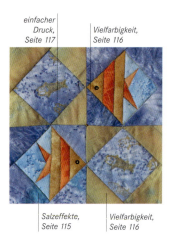

*einfacher Druck, Seite 117*

*Vielfarbigkeit, Seite 116*

*Salzeffekte, Seite 115*

*Vielfarbigkeit, Seite 116*

**DER BLOCK**
Die Fische, auf einer Unterlage genäht, passen hervorragend zu den bemalten Stoffen. Mit Textilfarbe können Sie Stoffe sehr individuell gestalten und so Ihrem Projekt eine besonders kreative Note verleihen.

# Textilfarbe

Selbstbemalte Stoffe sind sehr individuelle Arbeiten, die Sie in Quilts oder anderen Projekten einsetzen können. Grundieren Sie den Stoff mit einer Farbe und dekorieren ihn danach mit weiteren Übermalungen, gedruckten Motiven, Malereien oder Salzeffekten. Ist der Block zusammengenäht, verschönern Sie ihn mit Stickereien, Quilting oder Perlen.

### Den Block gestalten
**Sie brauchen**
- Stoff, Rückseite, Vlies
- Textilfarbe
- Pinsel und Schaumstoffapplikatoren
- Wegwerfhandschuhe
- Palette
- Gefäße für Farben und Wasser
- Plastikrahmen
- (verschließbare) Plastiktüten
- Plastiklöffel
- grobkörniges Salz
- Druckmodel oder Stempel

### Textilfarben
Im Handel gibt es eine Menge verschiedener Textilfarben. In der letzten Zeit haben sich Qualität und Vielfalt der Farben sehr verbessert. Die gebräuchlichsten Arten der Farben sind transparent, opak, metallisch und perlmuttartig.

Transparente Farben bieten einen wasserfarbenen Effekt, sie können miteinander zu noch mehr Farben gemischt oder mit Wasser verdünnt werden, um einen helleren Farbton zu erzielen.

Opake Farben habe eine dickere Konsistenz als die transparenten, die Farben erscheinen kräftiger. Auch diese können gemischt und verdünnt werden, sind also für den Modeldruck gut geeignet.

Metallische Farben sind auch wasserverdünnbar, damit sie auf die Stoffoberfläche gestrichen werden können, um einen Glanzeffekt zu erzielen. Man nutzt sie zum Modeldruck oder Malen mit dem Pinsel.

Perlmuttähnliche Farben geben dem Stoff Glanz.

## Farben

Für den Anfang kaufen Sie Primärfarben: Rot, Gelb und Blau. Sie brauchen ebenso Schwarz, Weiß sowie silber- und goldmetallische Farbe. Mit diesen sechs Farben können Sie schon eine Menge anderer Farben mischen. Gelb und Blau ergeben natürlich Grün, Gelb und Rot werden zu Orange und mit ein bißchen Schwarz und Weiß dazu wird ein Sandton daraus. Experimentieren Sie!

## Stoffe

Natürliche Fasern wie Baumwolle, Leinen oder Seide eignen sich am besten zum Bemalen. Arbeiten Sie mit Baumwolle, nehmen Sie färbefertige Ware oder waschen Sie den Stoff, um Ausrüstungen zu entfernen.

## Fangen Sie an!

- Schneiden Sie Ihren Stoff in handliche Stücke, die auf die Arbeitsfläche oder in den Rahmen passen.
- Machen Sie den Stoff naß und wringen ihn gründlich aus. Sie können auch mit trockenem Stoff arbeiten.
- Decken Sie die Arbeitsfläche mit Plastikfolie ab.
- Spannen Sie eine Wäscheleine nur für die bemalten Stoffe, und legen Sie Plastikfolie aus, um den Stoff liegend trocknen zu können.

## Pflege der Stoffe

Wenn der bemalte Stoff trocken ist, plätten Sie ihn, damit die Farbe fixiert wird. Folgen Sie dabei den Verarbeitungshinweisen des Herstellers. Waschen Sie den Stoff in handwarmem Wasser, um zu testen, ob er farbfest ist, und damit er weicher wird.

# Embellishment mit Textilfarbe

Textilfarbe verhält sich sehr unterschiedlich, je nachdem, auf welchen Stoff sie aufgetragen wird, wie verwässert sie ist, ob Sie auf naßem oder trockenem Stoff arbeiten und wie sie getrocknet ist. Deshalb ist es besonders wichtig, daß Sie genügend Farbe für ihr Projekt auf einmal auftragen.

**EFFEKTE MIT SALZ**

**1.** Mischen Sie in einem Plastikbecher genügend Farbe für Ihr Projekt an. Das Verhältnis 2 Teelöffel Farbe zu 1 Teelöffel Wasser ist richtig.

**3.** Legen Sie den Stoff auf Papier und beides auf eine ebene Fläche zum Trocknen. So lange der Stoff noch naß ist, bestreuen Sie ihn mit grobem Salz.

**2.** Spannen Sie nassen, aber gut ausgewrungenen Stoff in den Rahmen. Tragen Sie die Farbe mit einem Schaumstoffapplikator und langen streichenden Bewegungen zuerst von einer Seite zur anderen und dann in der Gegenrichtung auf den Stoff auf, damit keine Striche sichtbar sind.

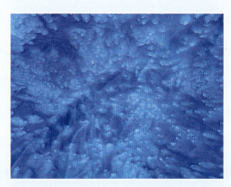

**4.** Lassen Sie den Stoff trocknen und bürsten überschüssiges Salz ab. Auf dem Stoff zeigt sich jetzt ein wunderschönes, effektvolles Muster!

EMBELLISHMENT MIT KÜNSTLERISCHEN TECHNIKEN

### METALLISCHER SCHIMMER

**1.** Bereiten Sie Ihren Stoff genauso vor wie für die Salzeffekte (Seite 115), aber nur bis zu Schritt 2.

### MULTICOLOREFFEKTE

**1.** Mischen Sie 3 oder 4 verschiedene Farben an, inklusive aufgehellter (Mischungen mit Weiß) Primärfarben. Legen Sie den nassen, ausgewrungenen Stoff in den Rahmen und tragen eine sehr verwässerte Mischung ihrer Basisfarbe mit einem Schaumstoffapplikator auf.

**3.** Packen Sie den Stoff in einen Plastikbeutel, verschließen ihn und drücken ihn in der Hand hin und her, um die Farbe überall im Stoff zu verteilen.

**2.** Mischen Sie etwas metallische Farbe im Verhältnis 2 Teelöffel Farbe/1 Teelöffel Wasser an.

**4.** Wenn Sie möchten, geben Sie noch etwas unverdünnte goldene und/oder silberne Metallicfarbe in den Beutel und drücken ihn noch einmal durch. Nehmen Sie dann den Stoff aus dem Beutel heraus und hängen ihn zum Trocknen auf. Das Ergebnis ist ein ganz feines Ineinanderfließen der Farben (unten).

**3.** Tragen Sie metallische Farbe über der ersten Farbe auf, um den schimmernden Effekt zu erzielen. Lassen Sie den Stoff trocknen.

**2.** Setzen Sie dann regelmäßige Punkte der anderen Farben auf den Stoff.

116

*Textilfarbe*

### EINFACHES DRUCKEN

Noch mehr schöne Einzelheiten bieten einfache Drucke mit Stempeln oder Modeln auf dem trockenen Stoff.

### MIX AND MATCH

Kombinieren Sie alle diese Techniken, um noch mehr Effekte zu erzielen. Bemalen Sie einen Stoff mit nur einer Farbe, stecken ihn in den Plastikbeutel, geben Metallfarbe hinzu, quetschen ihn und lassen ihn trocknen. Geben Sie Salz zu jeder Farbkombination und lassen den Stoff flach liegend trocknen. Falten Sie den bemalten Stoff und betupfen die Brüche mit anderen Farben, stecken ihn in den Plastikbeutel, kneten ihn ein bißchen und lassen ihn nach einer halben Stunde auseinander gefaltet trocknen.

**1.** Legen Sie den Stoff auf eine feste, flache Fläche. Streichen Sie den Model oder den Stempel mit opaker oder metallischer Textilfarbe ein, genug, um das Muster zu übertragen, aber nicht zu viel, damit es nicht verschmiert. Üben Sie ein wenig auf Stoffresten.

**2.** Setzen Sie den Stempel beherzt auf den Stoff und pressen ihn fest nach unten. Heben Sie ihn wieder an, lassen die Farbe trocknen und fixieren sie mit heißem Bügeleisen.

> ### SICHERHEIT
>
> - *Lesen Sie immer die Anweisungen des Herstellers und befolgen die Sicherheitshinweise.*
> - *Arbeiten Sie in einem gut belüfteten Raum.*
> - *Tragen Sie Schutzhandschuhe; die Farbe kann Flecken auf Händen und Fingernägeln hinterlassen.*
> - *Benutzen Sie die Gefäße, Pinsel, Salz und andere Utensilien nur zum Arbeiten mit Farbe.*
> - *Dort wo Sie mit den Farben arbeiten, sollten Sie niemals essen oder trinken.*
> - *Entleeren Sie Reste von Farben oder Farb-Wasser-Mischungen nicht im Spülbecken der Küche.*

## Noch ein schöner Block

Ein feiner Blumenblock, in weichen Farben nach der Multicolormethode (Seite 116) gefärbt und mit kleinen Glanzpunkten versehen. Die von Hand bemalten purpurfarbigen und grünen Stoffe passen wunderbar zu dem Multicolorstoff.
Blumen und Libellen sind auf den grünen Stoff gestempelt. Der schlichte Block ist mit der Maschine genäht und gequiltet, um so die Stoffe hervorzuheben. Pinkfarbene Margeriten, Saatquilting auf dem mittleren Block, schöne Stickstiche über den Nähten sowie Perlen geben Glanz und machen den Block noch attraktiver.
Probieren Sie das Saatquilten einmal aus; machen Sie winzige, gerade Stiche recht dicht nebeneinander und immer in verschiedene Richtungen. So wird die Oberfläche schön strukturiert.

# Schablonen

Mit den Motivschablonen auf dieser Seite können Sie einige Blöcke aus dem Technikkapitel nacharbeiten.

## Motivschablonen

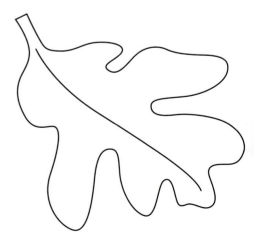

**SEITE 33 MOTIVE MIT SATINSTICH**
Sticken Sie diese Motive mit dem Satinstich oder anderen Stichen Ihrer Wahl.

**SEITE 52 ANLEGETECHNIK**
Schneiden Sie entlang dieser Schablonen Blätter für den *Couching-Block* aus.

*Schablonen*

**SEITE 36 MOTIVE FÜR DIE CANDLEWICK-STICKEREI**
Schöne Vorlagen für die Stickerei mit Dochtgarn auf Seite 36

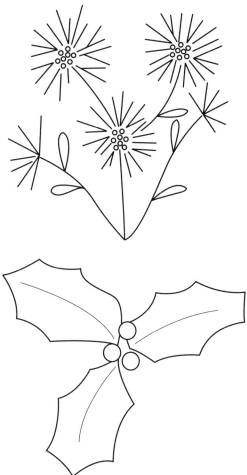

119

**SEITE 42 EMBELLISHMENT ALS QUILTING**

Nehmen Sie diese Schablonen als Vorlage für das Quilting, das Sie verschönern wollen

**SEITE 76 SCHATTENAPPLIKATION**

Schneiden Sie den Anker aus Stoff und fixierbarem Web zu, um den Block mit der Schattenapplikation zu gestalten.

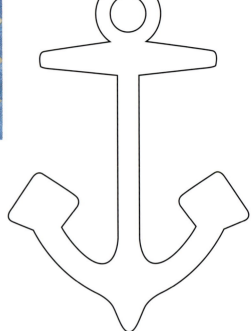

**SEITE 80 EINFACHE APPLIKATION**

Aus den beiden herzförmigen Vorlagen wird der Schmetterling auf den Block appliziert.

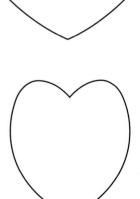

*Schablonen*

**SEITE 110 PLUSTERFARBEN**
Das Herz-im-Herz-Muster ist die Vorlage für die Applikationsmotive auf Seite 110.

**SEITE 112 STOFFMALSTIFTE**
Zeichnen und kolorieren Sie die Mohnblume mit Stoffmalstiften, um den Block auf Seite 112 zu gestalten. Das Bild wird nach dem Transfer spiegelbildlich erscheinen, wenn Sie nicht auf der Rückseite der Zeichnung kolorieren.

## Musterschablonen

**SEITE 34 ZIERSTICHE DER NÄHMASCHINE**
Die Muster A und B sind Vorlagen der Schablonen für den Block auf Seite 34.

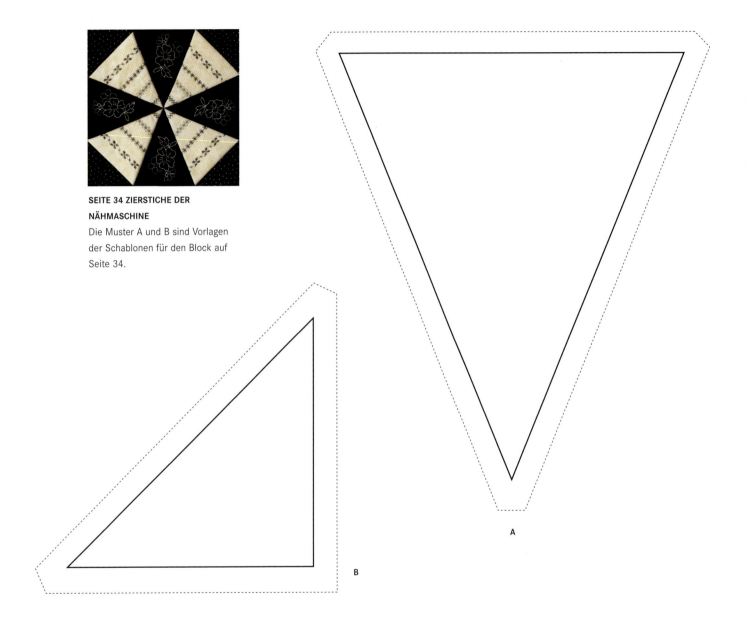

A

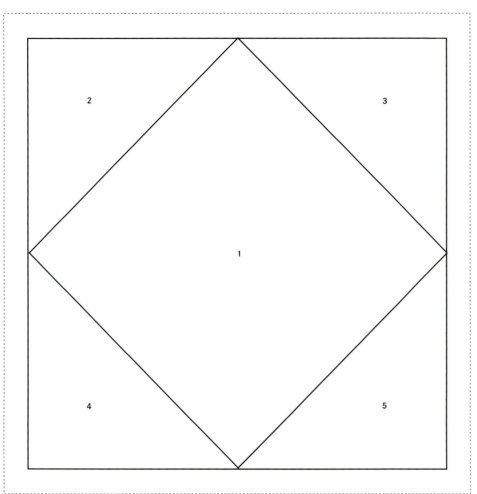

**SEITE 64 ÜBERDECKTECHNIK**

Folgen Sie der Zahlenreihenfolge, wenn Sie den Block von Seite 64 in der *Foundation Piecing*-Technik nähen. Haben Sie alle Einzelblocks fertig, nähen Sie diese zum Block zusammen.

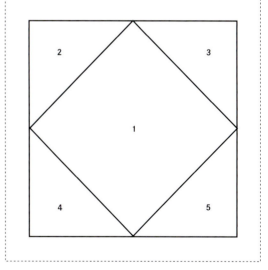

C

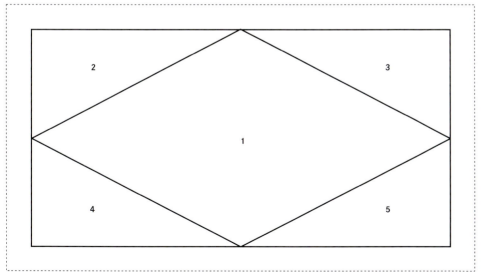

B

123

# Stichwortverzeichnis

*Seitenzahlen zu Hauptthemen sind fett gedruckt*

## A

Anlegetechnik 19, 46, 52–53
    Applikationsmotiv 53
    Einzelner Kreuzstich 53
    Hexenstich 53
    Klassisch 53
    Maschinengenäht 53
    Schablonen 118
Appliqué 72
    Blumen 78–79, 84, 97
    Einfache Applikation 80–81,
    Geklebte Applikation 19, 82, 97
    Schattenapplikation 76–77, 120
    Traditionelle Applikation 82
Appliziertes Patchwork 18
*Attic Window*-Block 36
*Autumn Leaves*-Block 52

## B

*Baltimore*-Rüschenblumen 56, 57
Bänder 13, 46, 48–49, 50, 51, 54, 55, 78
    Appliqué-Blumen 56–57
    Knoten mit Bändern, 95
Baumwolle 12
Baumwolllamé 12
Baumwollvlies 14
Blätter, mit Perlen 88, 91
Blätterwerk 78, 97
Blindstich 18, 48, **49**, 63, 80, 81, 82, 91
Blockmuster 17
Blumen
    Appliqué 84, 97
    Bändchenapplikation 56–57
    Blumenblock 117
    Fuchsie 88, 90–91
    Knopf 99
    Perlmuttperle 88, 90

Reliefblumen 78–79
Rüschenblumen 56, 57
Blumenblock 80
*Broderie Perse* 82–83

## C

*Cabochon*-Knöpfe 43
*Candlewick*-Stickerei 36–37
*Cathedral Window*-Block 62
*Churn Dash*-Block 43
*Crazy*-Block 28, 33 94

## D

Dekoratives Nähen 24
Doppelter Federstich 28, **30**
Doppelter Festonstich 45
Dreieckstich 45
Dresdner Teller-Block 55, 56, 98
Drucken, 108-10
    Einfacher Druck 114, 117

## E

*Echo Quilting* 20, 38, 39
Einfache Applikation 80–81
    Schablonen 120
Embellishments 13

## F

Fäden und Garne 15
*Fancy Fan*-Block, 54
Federstich **30**, 36, 39, 43, 45, 48, 56, 58, 61, 78, 97, 113
Festonstich 18, 19, **67**, 80, 82, 92, 93
Fingerhüte 10
Fisch-Block 114
Fischgrätstich 36, **37**
Fixierbares Web 14
Fliegenstich 88, **89**

Folie 13, 106–107
Fotos 108–109
*Foundation Piecing* 16
Frei geführtes Quilten 20, 58
Freier Federstich 42, **97**, 101
Fuchsie 8, 90–91
Futter 14, 80–81

## G

Gefiederter Kettenstich **30–31**
Geklebte Applikation 19, 82, 97
*Gentleman's Fancy*-Block 72
Geradstich 20, **37**, 48

## H

Händler/Hersteller 125
Handquiltstiche 20, 44
Handstickerei-Stiche 28–32
Handwerkzeug 10–11
Herzformen 110, 111
Hexenstich **29**, 43, 48, 53
Hohlnähte 40–41

## K

Kaleidoskop-Block, 34
Kettenstich 36, **37**, 42, 43, 82
Kieselsteine 100
Klassisches Block-Patchwork, 17
Kleine Perlen 42, 43, 78, 88–91, 98, 99, 100
Knöpfe 13, 78, 84, 86, 94
    antike 98–99
    mit kleinen Perlen annähen 99
    Motivknöpfe 96–97
Knopflochstich 92, 93, **95**
Knötchenstich **31**, 36, 45, 80, 81
Knotenquilten 20
Konturenquilten 20
Konturenstiche 38–39

Künstlerische Techniken 102
Kürbiskern-Block 106
Kunststoffnetz 100, 101

## L

Langer und kurzer Satinstich **32**
*Le Moyne Star*-Block 38
Litzen 46, 48–51
*Log Cabin*-Block, 82
*Low-Loft* Polyester-Vlies, 15

## M

Mäanderquilten 20
Margeritenstich **31**, 90, 117
Markierstifte 11
Maschinenquilting 20
Maschinenzierstiche 34–35
    Schablonen 122
Modeschmuck (Charms) 8, 13, 94–95
Motive 20
    *Candlewick* 119
    Anlegetechnik an
Applikationsmotive 53
    Spitze 66–67
    Mit Satinstichen 33
    Schablonen 118–121
    übertragen 33
Motivknöpfe 96–97
Muscheln 85, 87, 100, 101, 108

## N

Nadeln 10, 15, 21, 34
Nähmaschinen 11, 34
Nahtzugabe 16, 17
Netzweben 51

## O

Oberflächendekoration 58

*index*

Ocean-Wave-Block 76
offener kretischer Stich **29**

**P**

Pailletten 13, 78, 84, 85
Perlen 13, 84, 85
    antike 98–99
    Cabochon 43
    Süßwasserperlen, 88
Phantasieblumenblock 117
*Pineapple Log Cabin*-Block 50
Plusterfarben 110–111
    Schablonen 121
Polycotton-Vlies 14
Polyester-Vlies 15
*Prairie Points* 72–73

**Q**

Quadrat auf die Spitze gestellt 112
Quasten 59, 60, 68–69, 78
Quilt-Sandwich 20, 43, 45, 107, 109
quilten in der Naht 20, 40
quilten nach Motiven oder Vorlagen 20
Quilten 20–21
Quiltlets 40–41
Quiltringe (runde Rahmen) 11, 21, 33
Quilts
    *Autumn Bridges* 103
    *Beachcombing* 102
    *Blue Ocean* 58
    *Christmas Eve* 72
    *Coral Reef* 26
    *Crazy for Color* 24
    *Falling Leaves* 74
    *Fish and Strips* 73
    *Floodline* 104
    *Hidden Depths* 84
    *Highland Fling* 47
    *Mikado* 46

*One Step at a Time* 61
*Photo Opportunity* 27
*Postcards of Home* 87
*Shoreline* 75
*Sparkling Symmetry* 105
*A Stitch in Time* 86
*Summer Bridges* 25
*Time and Tide* 85
*Warding Off the Evil Eye* 59
*Windows of Opportunity* 60

**R**

Rahmen 11, 21
recycelte Stoffe 12
Rollschneider 17
Rosetten 49
Rückstich 36, **81**
Rüschen 49

**S**

Saat-Quilten 20, 117
Salzeffekte 114, 115
Sammmelsurium 13, 11–101
*Satinstich*-Motive 33
    Schablonen 118
Satinstich 19, **32**, 33, 36, 45, 80,
    81, 82
Schablonen 17, 18, 35, 88, 91, 110,
    118–123
    Motive 118–121
    Musterstück 122–123
Schablonen 20, 107
Schattenapplikation 7, 77
    Schablonen 120
Scheren 33
Schimmer 116
Schlingstich 107
Schnallen 86
Schneidelineal 11, 17

Schnelle *Freezer Paper*-Methode 91
Schnelles *Crazy*-Patchwork 48
schnelles Patchwork 49
Sechseckiger Block 41
Sechszackiger Stern 88, 91
sehr dünne Stoffe 12, 76, 77
Seide 12
*Shisha*-Spiegel 92
Sicherheit 9, 117
Spiegel 92–93
Spinnwebmotiv 28, **32**
Spitze 13, 46, 50, 54–55, 78
    *Bobbins* 86
    Motive 66–67
Stabilisatoren 14
Stecken 21
Stecknadeln 10
Stielstich 36, **37**, 80, 81, 90
Stoffdrucke betonen 44–45
Stoffe 12
  Drucker 108, 109
  Gebrauchsquilts 14–15
  Stoffmalerei 115
Stoffmalstifte 13, 112–113
*Storm at Sea*-Block 58, 64
Strandhäuschen 108
Süßwasserperlen 88
*Suffolk Puffs* 78–79
Symbole 9
Synthetische Stoffe 12

**T**

Textilfarbe 13, 114–117

**U**

Überdecktechnik 64–65
    Schablonen 123
Übereinandergelegte Stoffe 62–63
Übernähen 18, 95

**V**

Verdrehter Hohlnahtstich 40, **41**
Verdrehter Knopflochstich 92, 93
Verschönertes Quilting 42–43
    Schablonen 120
Vielfarbigkeit 114, 116, 117
Viererblock 40, 41
Vier-Fächer-Block 68
Vliese (Übersicht) 14–15, 21
Vorstich 20, 49, 117

**W**

Weben mit Stoffstreifen 50–51
Weben 50–51
Webnadel 51
Weihnachtskranz-Block 56
Windmühlen-Block 55
Winkelstich 28, **29**
Wollvlies 15

**Z**

Zickzackstich 82, 109

125

# Quellen

**Albers, J.: Interaction of Color**
(New Haven, CT: Yale University Press, 1971)
Klassischer Text zum Thema Farbe

**Beyer, J.: Patchwork Patterns**
(McLean, VA: EPM Publications, 1979)
Lehrgang zum Schablonenzeichnen für traditionelle
Blöcke

**Brackman, B.: Encyclopedia of Pieced
Quilt Patterns**
(Paducah, KY: American Quilter's Society, 1989)
Über 4000 verschiedene Blockmuster, die nach
ihrer geometrischen Form und ihren grafischen
Eigenschaften geordnet sind.

**Harer, M.: The Essential Guide to Practically
Perfect Patchwork: Everything You Need to
Know to Make Your First Quilt**
(Iola, WI: Krause Publications, 2002)
Erklärt die Grundlagen des Patchworks und wendet
sich dann dem Thema „Patchwork für
Fortgeschrittene" zu.

**Holstein, J.: The Pieced Quilt:
An American Design Tradition**
(New York: New York Graphic Society, 1973)
Das Standardwerk zu Geschichte, Tradition und
Bedeutung des amerikanischen Patchwork-Quilts.
Der Autor hat sich in den 1970er Jahren verdient
gemacht, weil er viel dazu getan hat, das Interesse
an Quilts und ihrer Herstellung wiederzubeleben, sei
es in der Kunst oder im Handwerk. Quilts und
Quilting waren von da an wieder „in".

**Itten, J.: The Art of Color: The Subjective
Experience and Objective Rationale of Color**
(New York: Van Nostrand Reinhold Co., 1969)
Untersuchung der Grundlagen der Farbtheorie und
ihrer Anwendung.

**James, M.: The Quiltmaker's Handbook:
A Guide to Design and Construction**
(Englewood Cliffs, NJ: Prentice-Hall, 1978)
Seit über zwanzig Jahren immer noch das umfas-

sendste Grundlagenbuch zu Design, Technik und
Farbe. Mit vielen genauestens erklärten und detail-
lierten Arbeitsanleitungen. Es enthält auch Anleitungen zum Entwerfen und Zeichnen eigener Blockmuster sowie zu Herstellung und Gebrauch von
Schablonen.

**James, M.:The Second Quiltmaker's Handbook:
Creative Approaches to Contemporary Quilt
Design**
(Englewood Cliffs, NJ: Prentice-Hall, 1981)
Noch mehr Ratschläge und Anweisungen zum
Design und praktischem Quiltmaking. Die
Fortsetzung des ersten Buches dieses Autors.

**Khin, Y.: The collector's dictionary of quilt
names and patterns**
(Washington, DC: Acropolis Books Ltd., 1980)
2400 Patchworkblocks, illustriert, beschrieben,
geordnet und nach Namen aufgeführt.

**Malone, M.: 1001 Patchwork Designs**
(New York, NY: Sterling Publishing Co Inc, 1982)
Das unentbehrliche Buch mit 1001 Blöcken, jeder
mit fett gedruckten Konstruktionslinien und Hell-
Dunkel-Schattierungen.

**Speckmann, D.: Pattern Play: Creating Your Own
Quilts**
(Concord, CA: C&T Publishing, Inc., 1993)
Eine innovative Annäherung an Patchworkdesign
und Technik. Die Autorin zeigt Wege, mit traditionellen Blocks zu arbeiten oder eigene Blocks zu entwerfen und sie in Quilts zu kombinieren. Detaillierte
und leicht nachzuvollziehende Anleitungen und Tips.

**Stockton, J.: Designer's Guide to Color**
(San Francisco: Chronicle Books, 1984 [3 Bde.])
Ein unverzichtbarer praktischer Ratgeber zum
Gebrauch von Farben und Farbkombinationen.

------------------------------

Das Copyright für alle Fotos und Illustrationen
liegt bei Quarto Publishing plc.

Der Verlag Quarto bedankt sich für die Quilts,
die freundlicherweise zur Veröffentlichung in
diesem Buch zur Verfügung gestellt wurden, bei:

**JANET COOK**
www.janetcook.co.uk
Seiten 25, 103 und 104. Zusammenarbeit mit der
Autorin an *Coral Reef*, Seite 26

**FRIEDA OXENHAM**
www.picturetrail.com/friedaquilter, Seite 59

Alle anderen Quilts stammen von der Autorin.
Dank gilt auch den folgenden Händlern und
Herstellern, die freundlicherweise Material und
Werkzeug zur Verfügung gestellt haben:

**BERNINA SEWING MACHINES**
Bogod & Company Ltd.
50–52 Great Sutton Street, London EC1V 0DJ, UK
www.bernina.co.uk

**THE BUTTON LADY**
www.thebuttonlady.co.uk

**CREATIVE GRIDS (UK) LTD**
Leicester, UK
E-Mail: sales@creativegrids.com
www.creativegrids.com

**HANTEX LTD.**
E-Mail: sales@hantex.co.uk

**MAKOWER FABRICS**
www.makoweruk.com

**OLIVER TWISTS**
22 Phoenix Road
Crowther, Washington, Tyne and Wear, NE38 0AD, UK
Postversand von handgefärbten Stickgarnen

**OUT OF AFRICA**
17 Bashford Way, Crawley, Sussex, RH10 7YF, UK
Postversand und Shows, Stoffe und Garne

**SEW SIMPLE**
Unit 17, Taverham Garden Centre, Fir Covert Road
Norwich, Norfolk, NR8 6HT, UK
www.sewsimpleonline.co.uk

# Patchwork bei Th. Schäfer

### Susan Briscoe
## Patchwork Taschen 2

**Noch mehr unwiderstehliche Taschen**
Dieses Buch zeigt, wie man zur idealen Tasche kommt: nämlich indem man sie selbst macht. Das farbenfrohe Werk präsentiert eine Fülle von Ideen für 21 „Behälter", in denen die wichtigsten Dinge des Lebens Platz finden. Diese farbenfrohen und modischen Taschen erregen garantiert Aufsehen!
Es gibt Taschen für alle Gelegenheiten und alle Jahreszeiten, die einfach bis aufwendig zu nähen sind, für Anfänger und Fortgeschrittene.
Alle 21 Projekte lassen sich durch die hervorragenden und reich bebilderten Schritt-für-Schritt-Anleitungen sicher nacharbeiten. Die Leserin erfährt alles, was sie über Materialien, Werkzeuge, Techniken, Muster und Verzierungen wissen muß.

*120 Seiten, Klappen-Broschur, 21 x 28 cm*
**Best.-Nr. 9327** · ISBN 978-3-86630-920-3

### Susan Briscoe
## Patchwork – Japanische Blöcke

Noch herrschen die klassischen amerikanischen Muster vor, doch wächst in der Patchwork-Community das Interesse an anderen Stilen, insbesondere aus Japan.
Dieses Buch ist eine Schatztruhe mit mehr als 125 Blöcken, die sich auszeichnen durch asiatische, ungewöhnliche Motive und ins Auge fallende Farbkombinationen. Das Buch enthält Patchwork-, Sashiko- und Applikationsblöcke. Alle benötigten Techniken werden klar und nachvollziehbar demonstriert.
Jeder Block ist abgebildet und mit exakten Maßangaben und Verarbeitungshinweisen versehen. Piktogramme zeigen auf einen Blick den Schwierigkeitsgrad und die verwendeten Techniken.
Alle Blöcke können kombiniert werden, das Buch bietet Beispiele stilsicherer Kombinationen für elegante Quilts.

*128 Seiten, Broschur, 22 x 22 cm*
**Best.-Nr. 9328** · ISBN 978-3-86630-925-8

### Elly Sienkiewicz
## Applikationen ganz einfach

Dieses Buch vermittelt ausgesprochen praxisgerecht, wie man ganz einfach mit der Hand appliziert. Die Illustrationen zeigen die einzelnen Arbeitsschritte sehr ausführlich. Selbst Anfängerinnen können so den kleinen Quilt „You've Stolen My Heart" vom Titelbild nacharbeiten, der ganz sicher Bewunderung hervorrufen wird. In nur wenigen Abenden lernt die Quilterin etwas über Applikationen, das für ein ganzes Leben Näh-Substanz hat: Spitzen, Kurven und Ecken werden von Mal zu Mal besser, von Herz zu Herz, und bei dem Muster „Dutch Bulbs a-Bloomin'" gelingen selbst die feinen Stiele der Tulpen, Schleifen-blüten, mehrschichtiges Appliqué und glatte runde Trauben in erstaunlich kurzer Zeit.

*80 Seiten, Broschur, 21 x 28 cm*
*Reihe „Quilt-Spaß"*
**Best.-Nr. 9320** · ISBN 978-3-87870-593-2

### Susan Briscoe
## Patchwork & Sashiko

Das umfassende Standardwerk zu dieser traditionellen japanischen Textiltechnik. Japan ist das kommende Trend-Thema im Textilbereich.
In diesem umfassenden Werk vermittelt Susan Briscoe, die weltweit bekannte Quilt-Künstlerin und Bestsellautorin, alles was man zum Thema Sashiko wissen muß – von der Auswahl der Stoffe und des Garns bis zum Markieren und zur Ausführung der Muster. Zehn Kapitel mit einfachen Projekten bilden den perfekten Auftakt für die einzigartige Mustersammlung, an die sich die Galerie meisterhafter Sashikoarbeiten anschließt.

*128 Seiten, ca. 420 meist farbige Abbildungen,*
*21 x 28 cm, Klappenbroschur*
**Best.-Nr. 9325** · ISBN 978-3-86630-916-6

---

## Patchwork-Prospekt anfordern:

**Verlag Th. Schäfer** im Vincentz Network

Postfach 6247 · 30062 Hannover
Tel. (+49) 0511 9910-012
www.th-schaefer.de · th.schaefer@vincentz.de